ESPASA
JUVENIL
POESÍA

# Entre el clavel y la rosa
## Antología de la poesía española
### JOSÉ MARÍA PLAZA

76

ESPASA

ESPASA JUVENIL

Editora: Nuria Esteban Sánchez
Diseño de Colección: Juan Pablo Rada
Ilustraciones de interior: Pablo Amargo
Ilustración de cubierta: Noemí Villamura
Realización de cubierta: Ángel Sanz Martín

———

© Jose María Plaza
© Espasa Calpe, S. A.
© Rafael Alberti, herederos de Vicente Aleixandre, herederos de Dáma-
so Alonso, Blanca Andreu, Juan Manuel Bonet, herederos de Pedro
Casariego, herederos de Gabriel Celaya, herederos de Luis Cernuda,
Luis Alberto de Cuenca, herederos de Gerardo Diego, Vicente Gallego,
herederos de Federico García Lorca, herederos de Jaime Gil de Bied-
ma, Ángel González, José Agustín Goytisolo, herederos de Jorge Gui-
llén, herederos de Miguel Hernández, José Hierro, herederos de Juan
Ramón Jiménez, Jon Juaristi, Julio Llamazares, herederos de Antonio
Machado, herederos de Manuel Machado, José Mateos, herederos de
Ricardo Molina, Luis García Montero, Menchu Gutiérrez, Almudena
Guzmán, Martín López-Vega, Aurora Luque, Carlos Marzal, herederos
de Blas de Otero, herederos de Leopoldo Panero, Ada Salas, herederos de Pedro Salinas, Javier Salvago, Andrés Trapiello, Silvia Ugidos,
herederos de Miguel de Unamuno y Roger Wolfe.

———

Primera edición: septiembre, 1998
Tercera edición: septiembre, 1999

———

Depósito legal: M. 26.627-1999
I.S.B.N.: 84-239-9046-X

Espasa, en su deseo de mejorar sus publicaciones, agradecerá cualquier
sugerencia que los lectores hagan al departamento editorial por correo
electrónico: sugerencias@espasa.es

Impreso en España/Printed in Spain
Impresión: Huertas, S. A.

Editorial Espasa Calpe, S. A.
Carretera de Irún, km 12,200. 28049 Madrid

**José María Plaza** *es autor de las novelas juve-*
*niles* No es un crimen enamorarse, *que figura en la*
*Lista de Honor de la CCEI;* Que alguien me quiera
cinco minutos, *accésit del Lazarillo;* Me gustan
y asustan tus ojos de gata *(EJ 29);* Mi casa parece
un zoo; *los libros infantiles* El paranguaricutiri-
micuaro que no sabía quién era *(EJ 55) y* Papá se
ha perdido. *Ha publicado dos libros de poesía,*
Pequeña historia sagrada *y* Nuestra elegía, I, *y una*
*antología consultada de poemas de amor para*
*adolescentes titulada* De todo corazón. *De sus en-*
*cuentros con jóvenes estudiantes y profesores*
*surgió el proyecto de hacer este libro, el primero*
*de una serie de antologías:* En un lugar de la memoria. Antología de la novela española *(EJ 96)*
Llamé al cielo y no me oyó. Antología del teatro español *(EJ 97)*

\* \* \* \*

Quiero agradecer el esfuerzo de muchos profesores de Secundaria y Bachillerato que me han ayudado a dar forma a lo que, en principio, era una idea vaga y llena de dudas. Nos enfrentábamos con el desafío de incluir en un pequeño volumen toda la historia de la poesía española, pensada, además, para unos lectores jóvenes, incipientes, no habituados a la poesía. El reto, por tanto, parecía complejo.

Desde Córdoba a Bilbao, desde Valencia a Burgos, pasando por Pamplona, Madrid, Oviedo, Zaragoza... he tenido la oportunidad de visitar colegios, dentro de los llamados «encuentros con autor», y hablar con los profesores. El interés mostrado por ellos, así como sus consejos, los pensamientos en voz alta o el intercambio de inquietudes, han sido decisivos para construir este libro.

Me llamó la atención descubrir que algunos profesores tenían su propia antología de la literatura española que pacientemente, y de un modo artesanal, habían realizado ellos mismos para manejarse en sus clases. Todos estuvieron encantados en dejármela, como una modesta —el adjetivo es suyo— orientación a la causa.

A todos vosotros, a los unos y a los otros, gracias.

Quiero mostrar también mi gratitud intensa a todos los poetas y familiares de autores fallecidos que me han autorizado a reproducir aquí sus poemas. Y muy particularmente —permítaseme esta distinción— a la familia de Juan Ramón Jiménez, por la amabilidad que tuvo al dejarme publicar —desinteresadamente— unos poemas inéditos del autor de *Platero y yo*. En especial, a la sobrina-nieta del poeta, Carmen Hernández-Pinzón, quien se preocupó de escudriñar y elegir entre los borradores del poeta, y a su hija, Carmen, que está en la edad de los lectores a los que va dirigida esta antología.

A todos, mil rosas...

J. M. P.

CULTIVO UNA ROSA BLANCA…

Cultivo una rosa blanca,
en julio como en enero,
para el amigo sincero
que me da su mano franca.

Y para el cruel, que me arranca
el corazón con que vivo,
cardo ni ortiga cultivo:
cultivo una rosa blanca.

José Martí.

# Índice

# Introducción
## *La poesía, sí, la poesía...*

NO te debe asustar la poesía. Bien llevada, te aseguro que es una de las mejores cosas que te pueden ocurrir y que, si entras en ella, te acompañará toda la vida.

Pero antes debes aficionarte, aproximarte a ella, comprenderla. ¿Y qué mejor que una visión en conjunto de la historia de la poesía española? Una visión cronológica de su evolución, con los poetas fundamentales y, a ser posible, los poemas más accesibles. Eso es lo que se ha intentado en este libro, pero aun así reconozco la dificultad. Leer poesía no es como ver una película de acción. Todos los comienzos son complejos. ¿Recuerdas tus primeros pasos en la guitarra, en el piano o en el estudio del inglés?... Fue lento, pero mereció la pena.

Después se te abrieron caminos insospechados.

Esperemos que aquí ocurra lo mismo. Pero no te quiero confundir. He de decirte —para que no te hagas una idea equívoca y empieces a dudar de ti mismo— que no es un libro fácil. Se ha intentado que sea sencillo, pero sin rebajar contenidos y sin traicionar apenas la historia de la poesía española. A veces, habrá que hacer un esfuerzo. Pero una vez superados los esfuerzos es cuando nos llegan las mayores satisfacciones.

Así que —te advierto— no te gustarán todos los poemas del libro, ni los comprenderás todos. Pero no importa: un libro de poesía no se agota nunca. Es para toda la vida —leer y releer, curiosear, picotear— y puedes volver a él, y seguramente, según vayas madurando y lo mires con nuevos ojos, descubrirás otros mundos, otras sensaciones. Y contemplarás, de repente, extrañas luces en algunos versos que hasta entonces te eran tan duros y opacos como el cemento.

Esa es la magia y la grandeza de la poesía. Poesía.

¿Qué es eso? Todavía se preguntará alguno. Quizá tú mismo. Y es posible que veas la poesía como si fuese un cuerpo extraño, como si miraras a un marciano o estuvieras ante un texto en chino. No eres el único. No importa. Todavía hay solución.

**Leer desde joven.**

Tengo amigos muy instruidos —intelectuales, unos; escritores, otros; muy lectores, la mayoría— que son capaces de devorar una novela de 800 páginas, de disfrutar con un ensayo sobre psicodiagnóstico aplicado, de interesarse por obras sobre la levedad de la nada, de hojear con curiosidad un libro de actualidad política, y hasta pueden echar un vistazo a títulos de gastronomía, jardinería, macramé o filosofía cuántica... ¡Tanta es su afición a los libros! Sin embargo, estos empedernidos lectores, se frenan en seco —secos— ante un libro de poesía. Temen acercarse a él, como si estuviera apestado.

A veces lo empiezan, y así me lo han confesado. Abren sus páginas, intentan leer algunos versos, pero..., ¡nada! No sienten nada. Sólo bloqueo. Supogo que será algo parecido a lo que le sucede a un ordenador cuando lo llenan de órdenes contradictorias.

Vuelven a intentar leer poesía, y nada, de nuevo. Sólo impotencia. Es como tratar de comprender la nieve sin haberla visto ni tocado nunca. Las explicaciones no sirven. Para ellos, tampoco.

Estos amigos, tan intelectuales y lectores, que se sienten desarmados ante la poesía, no la leen —a su pesar— porque no la leyeron de jóvenes; porque nadie les enseñó: nadie les alentó, les empujó, les acostumbró a leer poesía. Y ya, claro, es demasiado tarde. Sucede como con la enseñanza de los idiomas o de la música, a la que me he referido antes. Hay que empezar pronto, cuando la sensibilidad...

Ya lo sabes. Parece que es necesario leer poesía en la adolescencia y en la juventud, para que luego, de adulto, no

14

haya una puerta cerrada más. Porque la poesía es muy importante. No me preguntes para qué.

Siempre me ha sorprendido que Cervantes, por ejemplo, el autor de la novela clave de la historia de la literatura, se quejase de que el cielo no le diera la gracia de la poesía. Aun así escribió cientos de poemas y llenó de versos sus libros: el *Quijote,* las novelas pastoriles, el teatro.

También Gabriel García Márquez, uno de nuestros mejores novelistas vivos, ha declarado alguna vez, quizás en una noche exagerada, que cambiaría todas sus novelas —incluida *Cien años de soledad*— por un buen poema.

Octavio Paz, el premio Nobel mexicano, hablaba del carácter mágico y sagrado de la poesía. Piedra de sol. Jorge Luis Borges, el genio argentino que renovó el relato de este siglo y cuyo prestigio como cuentista es inmenso, se consideraba, antes que nada y por encima de todo, poeta. Para Borges su poesía era lo principal, y cuando estabas con él, en confianza, le gustaba, entre la conversación, recitar poemas de Lope, de Quevedo que le habían acompañado toda su vida. Borges se conformaba con que, después de muerto, se le recordase tan sólo por algún verso: «Tú / que ayer sólo eras toda en hermosura / eres también todo el amor, ahora...»

Como ves, algo tendrá la poesía cuando ha gozado de tan altos defensores. No sé lo que es; pero creo que no hay que perdérsela. Sería una ligereza que, ahora que estás en la edad de aprender y de aprenderte, se te olvidara algo tan importante. La poesía. ¿Para qué?... Ya lo veremos. Sobre todo, para que no te lamentes alguna vez de tener otra puerta cerrada. La vida —y me doy cuenta ahora— parece ser un paisaje lleno de puertas que se abren o se cierran.

**Los nombres fundamentales.**

Este libro que tienes entre las manos es una selección de poetas más que de poemas. Es decir, aquí están los nombres fundamentales de la poesía española, agrupados bajo un criterio cronológico, que te ayudará a comprender su evolución de la poesía, y a situar a los poetas en su época y en su contexto. Te ayudará a saber si Jorge Manrique es anterior o posterior a Góngora. Si Campoamor es romántico o realista. Si Rubén Darío vivió en la época de Bécquer o Machado... Porque la historia avanza.

De todos modos, en los temas no hemos avanzado tanto. Te sorprenderá leer un poema del arcipreste de Hita sobre el dinero, en plena Edad Media, que sigue siendo perfectamente actual. O te mostrarás perplejo ante Sor Juana Inés de la Cruz, que en la época del Barroco escribe un poema en el que parece que está hablando a los varones de nuestro tiempo: «Hombres necios que acusáis / a la mujer sin razón...» Cuatrocientos años después las relaciones entre hombres y mujeres no han cambiado demasiado...

No todos los poetas te parecerán dignos de una antología, pero es necesario que estén ahí y que tú sepas que existieron. No todos los poemas te gustarán, aunque he intentado incluir los más accesibles; lo que sucede es que las obras más accesibles de algunos autores siguen sin ser sencillas. Así que te encontrarás con poemas que no comprenderás. Pero insisto que no importa. Hay tiempo. Y además, la poesía no es, necesariamente, para entenderla; sino para sentirla. Lo dijo bien nuestro amigo Borges: «La poesía es una experiencia inmediata. La sentimos como la música, como el amor o como la amistad, o todas las cosas del mundo. La explicación viene después.»

**Siempre la rosa.**

Creo que me estoy prolongando demasiado, así que vamos a concluir ya esta larga introducción, no sin antes hablarte de tres puntos, que se me habían quedado sueltos, perdidos, y no sé dónde engarzarlos:

—Aquí encontrarás poemas que puedes memorizar. Aunque no te lo manden en clase los profesores, aprender-

16

se poemas es algo que en la vida nos puede proporcionar satisfacciones imprevistas. Te lo digo por experiencia. Recitar un poema heroico o satírico o susurrar un poema de amor en determinados momentos es algo que puede ser no sólo bello, sino positivo. ¿La poesía es útil?...

—¿Qué es y qué no es poesía?... Esta cuestión no siempre se puede responder. A veces se tarda media vida en distinguirlo. Sin embargo, quiero advertirte —de pasada, para no sumirte en la confusión— que no todo lo que se vende como poesía es poesía, y que no basta con que un texto tenga renglones cortos, versos o rimas. No es lo mismo ser poeta —poeta auténtico— que un versificador más o menos ingenioso. Pero este es un punto demasiado complejo en el que no quisiera que te detuvieses por ahora.

—Finalmente, quizá te preguntes por qué *Entre el clavel y la rosa* para una antología poética. El título está elegido un poco al azar. Llegó de casualidad, pero dentro de un orden. Desde un principio teníamos claro que la palabra rosa debía figurar en el título, ya que la rosa es el símbolo más clásico de la belleza, y, por tanto, también de la poesía. «No le toques ya más / que así es la rosa», dice Juan Ramón Jiménez, refiriéndose a sus poemas acabados.

«Entre el clavel y la rosa, / ¿cuál era la más hermosa?» es el estribillo de una canción popular de la Edad Media, que Tirso de Molina, en el Barroco, glosa en un poema que continúa así:

El clavel, lindo en color,
y la rosa todo amor;
el jazmín de honesto olor,
la azucena religiosa.
¿Cuál es la más hermosa?

JOSÉ MARÍA PLAZA

# I

# Edad Media
## (siglos XI-XV)

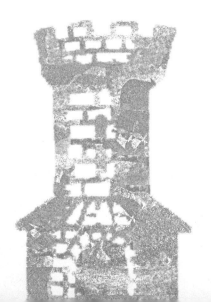

HASTA hace unos años, las historias de la literatura española comenzaban por el *Cantar de Mio Cid,* fechado hacia 1140, al que se consideraba la obra más antigua de nuestra literatura. Pero en 1948 se descubrieron en una sinagoga de El Cairo (Egipto) unos poemas líricos de autores árabes, residentes en la Península, cuyo estribillo estaba escrito en mozárabe, una especie de castellano muy primitivo que hablaba la población cristiana que vivía en zona musulmana.

Estas cancioncillas añadidas, a las que se les llama jarchas, no son originales de los propios poetas, sino que las tomaron de la tradición oral, del pueblo, que las cantaba. Y anteceden en cien años al *Mio Cid.* Las jarchas son, por tanto, la primera manifestación literaria, no sólo española sino de cualquier lengua romance. Su tema exclusivo es el amoroso, y nos muestran perfectamente la España de esas tres culturas —árabe, judía y cristiana— que convivieron en la península Ibérica durante siglos.

Para entender la poesía de la Edad Media hay que tener en cuenta el carácter anónimo de gran parte de la literatura de este período. La figura del poeta como hoy la conocemos, el poeta individual que busca expresar sus propios sentimientos, no aparece en occidente hasta Petrarca (siglo XIV), y en la literatura castellana, hasta Garcilaso de la Vega (siglo XVI), aunque existe un cierto tono personal en Gonzalo de Berceo, el arcipreste de Hita, el marqués de Santillana...

Durante este período medieval, desde Fernando III a los Reyes Católicos, en España conviven tres tipos de poetas: el trovador, que es el poeta de los nobles, el que canta en las cortes feudales los sentimientos amorosos, la belleza de la dama o las rivalidades de los caballeros; el juglar, que es el poeta del pueblo, el que en la plaza pública recita, casi como un actor, largos poemas sobre gestas heroicas o hechos que interesan a su público; y el clérigo, que es el poeta intelectual, quien recrea la cultura clásica grecolatina y escribe poemas eruditos —en sílabas contadas— sobre temas religiosos o filosóficos.

Del clérigo surge el llamado «mester de clerecía». Habría que recordar a Gonzalo de Berceo (siglo XIII), primer autor castellano que firmó sus textos, *El libro de Alexandre,* el *Poema de Fernán González* y al Archipreste de Hita. Los juglares son los autores de los llamados romances viejos, y de la obra cumbre, el *Poema de Mio Cid.* Y los trovadores darán lugar a la lírica culta: Marqués de Santillana, Juan de Mena, Jorge Manrique y la poesía cortesana agrupada en los *Cancioneros.*

Junto a estas tres direcciones, coexiste una poesía popular muy antigua, transmitida de generación en generación, que se cantaba en el trabajo, bodas, celebraciones y fiestas. Surge espontáneamente del pueblo o de algún poeta próximo que se hace eco de sus inquietudes y expresa los sentimientos colectivos, aunque trate de amores individuales. Son cancioncillas anónimas, lírica de tipo tradicional, que en el siglo XV empieza a ser valorada, imitada o glosada por los poetas cultos de la corte, y que tendrá una influencia muy clara en poetas como Lope de Vega, Góngora, García Lorca o Rafael Alberti...

(En los textos de la Edad Media hemos elegido la versión modernizada, ya que el castellano de esta época es primitivo y supone una dificultad añadida para acercarse a los poemas. Tan sólo las jarchas se presentan en su lenguaje original, precedidas de una versión adaptada.)

# LAS JARCHAS

*Las jarchas, la manifestación más antigua de la literatura española, son poemas breves o estribillos que los autores árabes y hebreos residentes en España incluían al final de sus poemas cultos. Tales estrofas las recogían de los cantares populares andaluces de la época y están escritas en mozárabe. Se conservan medio centenar, y las más antiguas se remontan al siglo XI. Literariamente están próximas a las cantigas de amigo de los cancioneros galaico-portugueses y de los poemillas de los cancioneros castellanos del siglo XV.*

I

Se va mi corazón de mí.
¡Ay, Señor!, ¿acaso me volverá?
Tanto me duele por el amigo.
Enfermo está, ¿cuándo sanará?

(Vayse meu corachón de mib,
¡ya Rab!, ¿si me tornarád?
Tan mal meu doler li-l-habid.
Enfermo yed, ¿cuándo sanarád?)

II

¿Qué haré yo?, ¿qué será de mí?
¡Amigo mío
no te apartes de mí!

(¿Qué faré yo o qué serád de mibi?
¿Habidi,
non te tolgas de mibi!)

### III

Escuchad, oh hermanitas,
¿cómo contener mi mal?
Sin el amigo no vivo:
¿sabéis cuándo volverá?

(Garid vos, ¡ay yermaniellas!,
¿cóm'contenir el mio male?
Sin el habib non vivreyo:
¿ad ob l'irey demandare?)

### IV

Viene la Pascua y sigo sin él.
¡Cómo arde mi corazón por él!

(Véned la Pasca ed aún sin elle.
¡Cóm cande mieo corachón por elle!)

# POEMA DE MIO CID

*También llamado* Cantar de Mio Cid, *es el poema épico más importante de nuestra literatura. Fue compuesto hacia el año 1140 por un juglar anónimo de Medinaceli o San Esteban de Gormaz (Soria), aunque durante mucho tiempo se creyó que sus autores eran dos. El Cid es el primer gran personaje de la literatura española, cuyas hazañas ya habían despertado el interés de autores árabes y latinos. El poema consta de 3.730 versos irregulares asonantados, aunque predominan los alejandrinos. Se compone de tres partes. La primera trata sobre el camino hacia el destierro: el temor del pueblo a darle cobijo, la despedida de sus familiares en Cardeña, el engaño a los judíos para hacerse con dinero, la conquista de Castejón y Alcocer... La segunda es la de la gloria: se centra en Valencia, reino que ha arrebatado a los moros, y aquí tiene lugar la visita de sus familiares, el perdón del rey y el casamiento de sus hijas con los infantes de Carrión. El máximo dramatismo sucede en la última parte, llamada «La afrenta de Corpes»: los nobles castellanos maltratan a sus esposas, las hijas del Cid, y éste pide vengar su honor mediante un duelo, el juicio de Dios.*

*Hemos seleccionado tres de los cuatro primeros cantos de este poema épico. El Poema se inicia con el Cid que ha sido desterrado; pero ¿qué había pasado para llegar a tal situación?... En algunos romances, escritos siglos después, como el que presentamos unas páginas más adelante, se explica: el Cid había obligado al rey Alfonso VI a jurar solemnemente que no había tenido parte en la muerte de su hermano, el rey Sancho.*

*Rodrigo Díaz, el Cid, nació en Vivar (Burgos) en 1043 y falleció en Valencia en el año 1099.*

Los ojos de Mio Cid — tan fuertemente llorando;
hacia atrás vuelve la vista — y se quedaba
            [mirándolos.
Vio cómo estaban las puertas — abiertas y sin
            [candados,
vacías quedan las perchas — ya sin pieles y sin
            [mantos,
sin halcones de cazar — y sin azores mudados.
Suspira el Cid porque va — de pesadumbre
            [cargado.
Y habló, como siempre habla, — tan justo y tan
            [mesurado:
«¡Bendito seas, Dios mío, — Padre que estás en lo
            [alto!
Contra mí tramaron esto — mis enemigos
            [malvados.»


### III
*(El Cid entra en Burgos)*

Ya por la ciudad de Burgos — el Cid Ruy Díaz entró.
Sesenta pendones lleva — detrás el Campeador.
Todos salían a verle, — niño, mujer y varón,
a las ventanas de Burgos — mucha gente se asomó.
¡Cuántos ojos que lloraban — de grande que era el
            [dolor!
Y de los labios de todos — sale la misma razón:
«¡Oh Dios qué buen vasallo — si tuviese buen
            [señor!»

## IV
### (Nadie hospeda al Cid)

De grado le albergarían, — pero ninguno lo osaba,
que a Ruy Díaz de Vivar — le tiene el rey mucha
          [saña.
La noche pasada a Burgos — llevaron una real carta
con severas prevenciones — y fuertemente sellada
mandando que a Mio Cid — nadie le diese posada,
que si alguno se la da — sepa lo que le esperaba:
sus haberes perdería, — más los ojos de la cara,
y además se perdería — salvación de cuerpo y alma.
Gran dolor tienen en Burgos; — todas las gentes
          [cristianas
de Mio Cid se escondían: — no pueden decirle nada.

Se dirige Mio Cid — adonde siempre paraba;
Cuando a la puerta llegó — se la encuentra bien
          [cerrada.
Por miedo del rey Alfonso — acordaron los de casa
que como el Cid no la rompa — no se la abrirán por
          [nada.
La gente de Mio Cid — a grandes voces llamaba,
los de dentro no querían — contestar una palabra.
Mio Cid picó el caballo, — a la puerta se acercaba,
el pie sacó del estribo, — y con él gran golpe daba,
pero no se abrió la puerta, — que estaba muy bien
          [cerrada.

La niña de nueve años — muy cerca del Cid se para:
«Campeador que en bendita — hora ceñiste la espada,
el rey lo ha vedado, anoche — a Burgos llegó su carta,
con severas prevenciones — y fuertemente sellada.

No nos atrevemos, Cid, — a darte asilo por nada,
porque si no perderíamos — los haberes y las casas,
perderíamos también — los ojos de nuestras caras.

27

Cid, en el mal de nosotros — vos no vais ganando
        [nada.
Seguid y que os proteja — Dios con sus virtudes
        [santas.»
Esto lo dijo la niña — y se volvió hacia su casa.
Bien claro ha visto Ruy Díaz — que del rey no
        [espere gracia.

# JUAN RUIZ, ARCIPRESTE DE HITA
## (1283-1350)

*Pudo nacer en Alcalá de Henares en el año 1283 y probablemente murió en 1350. Estudió en Toledo, fue clérigo y arcipreste de Hita. Se dice que sufrió una larga prisión por orden del arzobispo, y en la cárcel, entre 1330 y 1343, escribió su única obra. Los pocos datos que sabemos sobre el autor nos los cuenta él mismo en el prólogo; ya que el* Libro de Buen Amor *es, entre otras muchas cosas, una autobiografía novelada de aventuras amorosas, que forman la trama de la historia. El poeta protagonista, ansioso de «aver junta con fenbra plazentera», descubrirá en sus propias carnes que el «loco amor», el de las mujeres, no se consigue fácilmente o si se logra, no merece la pena. Tan sólo es digno de estima —aunque lo comprenda al final, tras numerosos encuentros amorosos— el amor divino, el «buen amor».*

*Junto a las aventuras humanas en la obra se incluye un material muy amplio y heterogéneo: poesías líricas, religiosas, morales, profanas; parodias de poemas burlescos; imitación de obras clásicas latinas, fábulas, cuentos, elogios y sátiras sobre temas varios, como el elogio de la mujer pequeña o las propiedades del dinero.*

*Aunque han pasado seiscientos años, el* Libro de Buen Amor *sigue conservando la frescura original y, en muchos aspectos, no ha perdido actualidad. El gran valor de esta «comedia burlesca», llamada «comedia humana» de la Edad Media, es haber sintetizado las corrientes literarias medievales más importantes: clásica, latina-eclesiástica, árabe y europea; a la vez que ofrece una muestra poética de los metros y las estrofas empleadas en su época. El arcipreste dice que intentó hacer un libro «que los cuerpos alegre y las almas preste».*

29

Hace mucho el dinero, mucho se le ha de amar;
al torpe hace discreto, hombre de respetar,
hace correr al cojo, al mudo le hace hablar;
el que no tiene manos, bien lo quiere tomar.

Aun el hombre necio y rudo labrador
dineros le convierten en hidalgo doctor;
cuanto más rico es uno, más grande es su valor.
quien no tiene dineros, no es de sí señor.

Si tuvieses dinero tendrás consolación,
placeres y alegrías y del Papa ración,
comprarás Paraíso, ganarás salvación:
donde hay mucho dinero hay mucha bendición.

Yo vi en corte de Roma, do está la Santidad,
que todos al dinero tratan con humildad,
con grandes reverencias, con gran solemnidad;
todos a él se humillan como a la Majestad.

Creaba los priores, los obispos, abades,
arzobispos, doctores, patriarcas, potestades;
a los clérigos necios dábales dignidades;
de verdad hace mentiras, de mentiras, verdades.

Hacía muchos clérigos y muchos ordenados,
muchos monjes y monjas, religiosos sagrados,
el dinero les daba por bien examinados:
a los pobres decía que no eran ilustrados [...]

El dinero quebranta las prisiones dañosas,
rompe cepos, grilletes, cadenas peligrosas;
al que no da dinero le ponen las esposas.
¡Hace por todo el mundo cosas maravillosas!

He visto maravillas donde mucho se usaba:
al condenado a muerte la vida le otorgaba,
a otros inocentes, muy luego los mataba;
muchas almas perdía, muchas almas salvaba. [...]

Él hace caballeros de necios aldeanos,
condes y ricoshombres de unos cuantos villanos;
con el dinero andan los hombres muy lozanos,
cuantos hay en el mundo le besan hoy las manos. [...]

Yo he visto a muchos monjes en sus predicaciones
denostar al dinero y a las sus tentaciones,
pero, al fin, por dinero otorgan los perdones,
absuelven los ayunos y ofrecen oraciones. [...]

Toda mujer del mundo, aunque dama de alteza,
págase del dinero y de mucha riqueza,
nunca he visto una hermosa que quisiera pobreza:
donde hay mucho dinero, allí está la nobleza.

El dinero es alcalde y juez muy alabado,
es muy buen consejero y sutil abogado,
alguacil y merino, enérgico, esforzado;
de todos los oficios es gran apoderado.

En resumen lo digo, entiéndelo mejor:
el dinero es del mundo el gran agitador,
hace señor al siervo y siervo hace al señor;
toda cosa del siglo se hace por su amor.

# JORGE MANRIQUE
## (1440-1479)

*Guerrero de profesión, perteneció a una familia de la alta nobleza muy amante de la literatura (su tío fue el poeta Gómez Manrique). No está claro si nació en Paredes de Nava (Palencia) o en Segura de la Sierra (Jaén); lo que es seguro es su muerte heroica en el castillo de Garci-Dueñas (Cuenca), defendiendo el trono de Isabel la Católica.*

*Su producción poética no es muy extensa, pero ha pasado a la historia por sus coplas funerarias, ya que el resto de su obra —composiciones amorosas, devotas o satíricas— es ingeniosa y elegante, pero no se distingue del resto de los poetas de entonces. Las Coplas, sin embargo, son un monumento poético imperecedero. Son, y aquí está su inmenso valor, la síntesis —sabia, artística— de los sentimientos y de la concepción de la vida de su época. Nunca se habían expresado con palabras tan sencillas conceptos tan profundos. Manrique no es original en las estrofas que emplea ni en los temas que desarrolla en sus Coplas, muy propios de su tiempo, pero supo acertar con un tono nuevo —como si estuviera tocado por la gracia— hasta entonces no oído, sin los artificios, adornos o ingeniosidades de su tiempo. La naturalidad expresiva es lo que distingue este magno poema que tiene un acento sincero, solemne, majestuoso y perdurable.*

COPLAS POR LA MUERTE DE SU PADRE

Recuerde el alma dormida,
avive el seso y despierte,

contemplando
cómo se pasa la vida;
cómo se viene la muerte
tan callando;
cuán presto se va el placer;
cómo, después de acordado,
da dolor;
cómo, a nuestro parecer,
cualquiera tiempo pasado
fue mejor.

Pues si vemos lo presente,
cómo en un punto es ido
y acabado,
si juzgamos sabiamente,
daremos lo no venido
por pasado.

No se engañe nadie, no,
pensando que ha de durar
lo que espera
más que duró lo que vio,
pues que todo ha de pasar
por tal manera.

Nuestras vidas son los ríos
que van a dar en la mar,
que es el morir;
allí van los señoríos
derechos a se acabar
y consumir;
allí los ríos caudales,
allí los otros medianos
y más chicos,
allegados son iguales
los que viven por sus manos
y los ricos. [...]

Este mundo es el camino
para el otro, que es morada
sin pesar;
mas cumple tener buen tino
para andar esta jornada
sin errar.
Partimos cuando nacemos,
andamos mientras vivimos,
y llegamos
al tiempo que fenecemos;
así que cuando morimos,
descansamos. [...]

Ved de cuán poco valor
son las cosas tras que andamos
y corremos,
que, en este mundo traidor,
aun primero que muramos
las perdemos:
dellas deshace la edad,
dellas casos desastrados
que acaecen,
dellas, por su calidad,
en los más altos estados
desfallecen.

Decidme: la hermosura
la gentil frescura y tez
de la cara,
la color y la blancura,
cuando viene la vejez,
¿cuál se para?
Las mañas y ligereza
y la fuerza corporal
de juventud,
todo se torna graveza
cuando llega el arrabal
de senectud. [...]

34

# LÍRICA POPULAR

*Millares de poemillas o canciones circularon de boca en boca en la Edad Media, y continuaron después, como una historia paralela de la literatura. Son poemas anónimos, que expresan los sentimientos de una mayoría y que pervivirán y se aumentarán en los Siglos de Oro. Los grandes autores del Barroco —Lope de Vega, Góngora, Tirso de Molina— se basarán en ellos, a veces, para glosarlos en sus poemas o en las canciones de sus obras teatrales. Estos cantares, llamados lírica de tipo tradicional, nacen del pueblo, para el pueblo, y son poesías frescas, espontáneas, muy distintas a las poesías de amor cortés que en aquella época escribían los trovadores y los nobles cultos.*

### 1

En el campo nacen flores
y en el alma los amores.

### 2

Si la noche se hace oscura
y tan corto es el camino,
¿cómo no venís, amigo?

La media noche es pasada,
y el que me pena no viene;
mi ventura lo detiene
porque soy muy desdichada.

Véome desamparada;
gran pasión tengo conmigo.
¿Cómo no venís, amigo?

### 3

¿Dónde estás, prenda amada?
¡Ha tanto que no te vi!
El día que no te veo
son mil años para mí.

### 4

Al alba venid, buen amigo,
al alba venid.

Amigo, el que yo más quería,
venid al alba del día.

Amigo, el que yo más amaba,
venid a la luz del alba.

Venid a la luz del día,
no traigáis compañía.

### 5

Aquel «¿si viene o no viene?»,
aquel «¿si sale o no sale?»,
no hay dolor que se le iguale
de cuantos en el mundo tiene.

### 6

De los álamos vengo, madre,
de ver cómo los menea el aire.

De los álamos de Sevilla,
de ver a mi linda amiga,
de ver cómo los menea el aire.

De los álamos vengo, madre,
de ver cómo los menea el aire.

## 7

Buen amor, no me deis guerra,
que esta noche es la primera.

Así os vea, caballero,
de la frontera venir,
como toda aquesta noche
vos me la dejéis dormir.

Buen amor, no me deis guerra,
que esta noche es la primera.

## 8

¡Oh si volasen las horas
del pesar
como las del placer
suelen volar!

## 9

Llaman a la puerta,
y espero yo al mi amor.
¡Ay, que todas las aldabadas
me dan en el corazón!

## 10

No me las enseñes más,
que me matarás.

Estábase la monja
en el monasterio,
sus teticas blancas
de so el velo negro.

Más,
que me matarás.

## 11

Perdida traigo la color:
todos me dicen que lo he de amor.

Viniendo de la romería
encontré a mi buen amor;
pidiérame tres besicos:
luego perdí la color.
Dicen a mí que lo he de amor.

Perdida traigo la color:
todos me dicen que lo he de amor.

## 12

Porque te besé, cariño,
me riñó mi madre a mí:
torna el beso que te di.

## 13

Poder tenéis vos, señora,
de matar el amor en un hora.

Poder tenéis vos, señora,
y del rey dada licencia,
de matar el amor en un hora
sin espada y sin rodela.
Y sin rodela, señora,
de matar el amor en un hora.

## 14

Porque duerme sola el agua
amanece helada.

## 15

Pues se pone el sol,
palomita blanca,
vuela y dile a mis ojos
que por qué se tarda.

Quiero dormir y no puedo,
que el amor me quita el sueño.

## 16

Van y vienen las olas, madre,
a las orillas del mar:
mi pena con las que vienen,
mi bien con las que se van.

## 17

Soledad tengo de ti.
tierra mía do nací.

Si muriese sin ventura
sepúltenme en la alta sierra,
porque no extrañe la tierra
mi cuerpo en la sepultura;

y en sierra de gran altura,
por ver si veré de allí
las tierras a do nací.

Soledad tengo de ti,
¡oh, tierras donde nací!

# CANCIONEROS

Los Cancioneros *medievales eran una especie de antología poética de la época, una recopilación de poesías manuscritas ordenadas por autores, escuelas, temas o formas métricas.* Los Cancioneros *de lengua provenzal, catalana o francesa fueron abundantes, aunque sólo se conservan desde el siglo* XIII. *La poesía castellana está casi ausente de los* Cancioneros *medievales. Su primera recopilación importante data de 1445, cuando aparece el* Cancionero de Baena, *que contiene 600 poemas líricos de 54 autores —Villasandino, Macías, Esparza...—, la producción poética más interesante de la corte de Juan I. Posteriormente podemos destacar el* Cancionero de Palacio, *el* Cancionero de Zúñiga *y, el más importante de todos, el* Cancionero General, *realizado por Hernando de Castillo en 1511, un compendio de la producción poética de la corte de los Reyes Católicos, aunque incluya también poetas anteriores. El amor es el tema predominante de estos poemas que surgieron en las cortes, donde los señores se dedicaban al refinado arte de la poesía. Son obras muy elaboradas, llenas de ingenio, paralelismos, juegos de palabras y de conceptos, que resultan artificiosas. Sin embargo, algunos poetas —véase Gil Vicente— intentaron imitar o basarse en la lírica del pueblo para sus composiciones.*

*No hay que olvidar que la mayor parte de esta poesía se concibió para ser cantada, no sólo recitada. De hecho Villasandino o Juan del Encina añadían ellos mismos la música a sus poemas. En el* Cancionero Musical de Palacio, *de 1520, se encuentran también las partituras correspondientes.*

## PENSANDO, SEÑORA, EN VOS...

Pensando, señora, en vos.
vi en el cielo una cometa:
es señal que manda Dios
que pierda miedo, y cometa
a declarar el deseo

que mi voluntad desea,
porque jamás no me vea
vencido como me veo
en esta fuerte pelea
que yo conmigo peleo.

                              Esparza.


## ES UNA MUERTE ESCONDIDA...

Es una muerte escondida
este mi bien prometido,
pues no puedo ser querido
sin peligro de la vida.

Mas sólo porque me quiera
quien en vida no me quiere,
yo quiero sufrir que muera
mi vivir, pues siempre muere;

y en perder vida perdida
no me cuento por perdido,
pues no puedo ser querido
sin peligro de mi vida.

                              Anónimo.


41

Porque más sin duda creas
mi gran pena dolorida,
déte Dios tan triste vida
que ames y nunca seas
amada ni bien querida..

Y con esta vida tal
pienso bien que creerás
el tormento desigual
que sin merecer me das.
Pues que muerte me deseas
sin tenerla merecida,
déte Dios tan triste vida
que ames y siempre seas
desamada y mal querida.

Juan de Mena.

POR UNA GENTIL FLORESTA…

Por una gentil floresta
de lindas flores y rosas
vide tres damas hermosas,
que de amores han recuesta.
Yo con voluntad muy presta
me llegué a conocellas.
Comenzó la una de ellas
esta canción tan honesta:

«Aguardan a mí;
nunca tales guardas vi.»

Por mirar su hermosura
de estas tres gentiles damas,

yo cubríme con las ramas,
metíme so la verdura.
La otra, con gran tristura,
comenzó a suspirar,
y decir este cantar
con muy honesta mesura:

«La niña que amores ha,
sola ¿cómo dormirá?»

Por no les hacer turbanza
no quise ir más adelante,
a las que con ordenanza
cantaban tan consonante.
La otra con buen semblante
dijo: —Señoras de estado,
pues las dos habéis cantado,
a mí conviene que cante:

«Dejadlo al villano pene,
véngueme Dios de elle.»

Desque ya hubieron cantado
estas señoras que digo,
yo salí desconsolado,
como hombre sin abrigo.
Ellas dijeron: —Amigo,
no sois vos el que buscamos;
mas cantad, pues que cantamos.

Dije este cantar antiguo:

«Suspirando iba la niña,
y no por mí,
que yo bien se lo entendí.»

Marqués de Santillana.

## A UNA DAMA QUE IBA CUBIERTA

El corazón se me fue
donde vuestro bulto vi,
y luego os conocí
al punto que a vos miré;
que no pudo hacer tanto,
por mucho que os cubriese
aquel vuestro negro manto,
que no os reconociese.

Que debajo se mostraba
vuestra gracia y gentil aire,
y el cubrir con buen donaire
todo lo manifestaba;
así que con mis enojos
y muy grande turbación
allá se fueron mis ojos
do tenía el corazón.

Gómez Manrique.

## YA CERRADAS SON LAS PUERTAS...

Ya cerradas son las puertas
de mi vida,
y la llave es ya perdida.

Tiénelas por bien cerradas
el portero del Amor;
no tiene ningún temor
que de mí sean quebradas.
Son las puertas ya cerradas
de mi vida,
y la llave es ya perdida.

Las puertas son mis servicios,
la cerradura es olvido,
la llave que se ha perdido
es perder los beneficios.
Así que fuera de quicios
va mi vida,
y la llave es ya perdida.

Pues la vida está en poder
de aquella que siempre amo;
ahora triste, aunque llamo,
no me quiere responder.
Cerróme con su poder
la salida,
y la llave es ya perdida.

Servíla con tanta fe,
con cuanta nadie sirvió;
el galardón que me dio
fue peor que nunca fue.
Cerróme no sé por qué
la salida,
y la llave es ya perdida.

Juan del Encina.


HALCÓN QUE SE ATREVE…

Halcón que se atreve
con garza guerrera,
peligros espera.

Halcón que se vuela
con garza a porfía,
cazarlo quería
y no la recela.

45

Mas quien no se vela
de garza guerrera,
peligros espera.

La caza de amor
es de altanería:
trabajos de día,
de noche dolor.

Halcón cazador
con garza tan fiera,
peligros espera.

Gil Vicente.

# Romanceros

*Toda la materia épica —de la que el Mio Cid es el primer representante— va a dar lugar a los romances: el pueblo recita, escucha y retiene en su memoria los episodios más apasionantes de la historia o de las gestas de los caballeros. También existen romances que resumen —en este verso octosílabo de rima asonantada, tan español— antiguos y extensos poemas épicos, o que rescatan pasajes sueltos de ellos, la parte que más éxito ha tenido. Y es que a finales del siglo XIV los grandes cantares de gesta dejaron de interesar al público, que prefería unas formas poéticas más breves. Fue tal el éxito de esta adaptación de los cantares de gesta, que los propios juglares crearon romances con temas nuevos.*

*Al igual que los Cancioneros, estos poemas dispersos y anónimos se empezaron a recoger en Romanceros. Los primeros fueron el Libro de los Cincuenta Romances, de 1525, hoy perdido, y el Cancionero de Amberes, de 1550. A partir de entonces los romances se popularizaron y hasta los escritores cultos empezaron a cultivarlos: fueron frecuentes en autores del Barroco —Lope de Vega, Góngora—, cobraron auge en el Romanticismo —Zorrilla, duque de Rivas— y han seguido cultivándose en nuestro siglo: Gerardo Diego, Lorca y su Romancero gitano... Dado el éxito de este tipo de poemas y para evitar confusiones, se suelen llamar «romances viejos» a los anteriores a 1580. Los temas de estos romances son varios y cada estudioso hace su propia agrupación. Nosotros vamos a recordar sólo algunos: épicos, históricos, novelescos y amorosos, y fronterizos, que fueron muy importantes, ya que expresan la convivencia que hubo entre árabes y cristianos.*

*El primer romance que presentamos aquí, aunque
está escrito posteriormente, se puede leer como una introducción al* Poema de Mio Cid, *que se inicia con
Rodrigo Díaz ya desterrado, precisamente por forzar a su
rey a jurar que no había matado a su hermano. Merece
destacarse también el* Romance de la doncella guerrera,
*no demasiado conocido, una historia de honor y amor
llena ingenio y frescura, y con un final abierto.*

## ROMANCE DEL JURAMENTO QUE TOMÓ EL CID
## AL REY DON ALONSO

En Santa Gadea de Burgos,
do juran los hijosdalgo,
allí toma juramento
el Cid al rey castellano,
si se halló en la muerte
del rey don Sancho su hermano.
Las juras eran tan fuertes
que al buen rey ponen espanto;
sobre un cerrojo de hierro
y una ballesta de palo:

—Villanos te maten, Alonso,
villanos, que no hidalgos,
de las Asturias de Oviedo,
que no sean castellanos;
mátente con aguijadas,
no con lanzas ni con dardos;
con cuchillos cachicuernos,
no con puñales dorados, [...]
sáquente el corazón
por el siniestro costado,
si no dijeres verdad
de lo que te es preguntado,
si tú fuiste o consentiste
en la muerte de tu hermano.

Jurado había el rey
que en tal nunca se ha hallado,
pero allí hablara el rey
malamente y enojado:

—Muy mal me conjuras, Cid,
Cid, muy mal me has conjurado;
mas hoy me tomas la jura,
mañana me besarás la mano.

—Por besar mano de rey
no me tengo por honrado;
porque la besó mi padre
me tengo por afrentado.

—Vete de mis tierras, Cid,
mal caballero probado,
y no vengas más a ellas
dende este día en un año.

—Pláceme —dijo el buen Cid—,
pláceme —dijo, de grado—,
por ser la primera cosa
que mandas en tu reinado.
Tú me destierras por uno,
yo me destierro por cuatro.

Ya se parte el buen Cid,
sin al rey besar la mano,
con trescientos caballeros;
todos eran hijosdalgo,
todos son hombres mancebos,
que ninguno había cano;
todos llevan lanza en puño
y el hierro acicalado,
y llevan sendas adargas,
con borlas de colorado;

mas no le faltó al buen Cid
adonde asentar su campo.


ROMANCE DE LA AMIGA MUERTA

En los tiempos que me vi
más alegre y placentero,
yo me partiera de Burgos
para ir a Valladolid:
encontré con un palmero,
quien me habló, y dijo así:

—¿Dónde vas tú, el desdichado?
¿Dónde vas?, ¡triste de ti!
¡Oh persona desdichada,
en mal punto te conocí!
Muerta es tu enamorada,
muerta es, que yo la vi;
las andas en que la llevan
de negro las vi cubrir,
los responsos que le dicen
yo los ayudé a decir;
siete condes la lloraban,
caballeros más de mil,
llorábanla sus doncellas,
llorando dicen así:

«¡Triste de aquel caballero
que tal pérdida pierde aquí!»

Desque aquesto oí, mezquino,
en tierra muerto caí;
desde aquellas dos horas
no tomara, triste, en mí.
Desque hube retornado
a la sepultura fui,

50

con lágrimas de mis ojos
llorando decía así:

—Acógeme, mi señora,
acógeme a par de ti.

Al cabo de la sepultura
una triste voz oí:

—Vive, vive, enamorado,
vive, pues que yo morí:
Dios te dé ventura en armas,
y en amores otro que sí,
que el cuerpo come la tierra,
y el alma pena por ti.


ROMANCE DEL REY DON SANCHO

—¡Rey don Sancho, rey don Sancho!,
no digas que no te aviso,
que de dentro de Zamora
un alevoso ha salido;
llámase Bellido Dolfos,
hijo de Dolfos Bellido,
cuatro traiciones ha hecho,
y con esta serán cinco.
Si gran traidor fue el padre,
mayor traidor es el hijo.

Gritos dan en el real:
a don Sancho han mal herido:
muerto le ha Bellido Dolfos,
gran traición ha cometido.
Desque le tuviera muerto,
metióse por un postigo;
por las calle de Zamora
va dando voces y gritos:

51

—Tiempo era, doña Urraca,
de cumplir lo prometido.


ROMANCE DE ABENÁMAR


—¡Abenámar, Abenámar,
moro de la morería,
el día que tú naciste
grandes señales había!
Estaba la mar en calma,
la luna estaba crecida:
moro que en tal signo nace
no debe decir mentira.

Allí respondiera el moro,
bien oiréis lo que decía:

—Yo te la diré, señor,
aunque me cueste la vida;
porque soy hijo de un moro
y una cristiana cautiva;
siendo yo niño y muchacho,
mi madre me lo decía:
que mentira no dijese,
que era grande villanía:
por tanto, pregunta, rey,
que la verdad te diría.

—Yo te agradezco, Abenámar,
aquesta tu cortesía.
¿Qué castillos son aquellos?
¡Altos son y relucían!

—El Alhambra era, señor,
y la otra la Mezquita:
los otros los Alixares,
labrados a maravilla.

52

El moro que los labraba
cien doblas ganaba al día,
y el día que no los labra,
otras tantas se perdía.
El otro es Generalife,
huerta que par no tenía;
el otro Torres Bermejas.
castillo de gran valía.

Allí habló el rey don Juan,
bien oiréis lo que decía:
—Si tú quisieras, Granada,
contigo me casaría:
daréte en arras y dote
a Córdoba y a Sevilla.

—Casada soy, rey don Juan,
casada soy, que no viuda;
el moro que a mí me tiene
muy grande bien me quería.


ROMANCE DE LA DONCELLA GUERRERA

Pregonadas son las guerras
de Francia para Aragón,
¡Cómo las haré yo, triste,
viejo y cano, pecador!
¡No reventaras, condesa,
por medio del corazón,
que me diste siete hijas,
y entre ellas ningún varón!

Allí habló la más chiquita,
en razones la mayor:
—No maldigáis a mi madre,
que a la guerra me iré yo;

me daréis las vuestras armas,
vuestro caballo trotón.
—Conoceránte en los pechos,
que asoman bajo el jubón.
—Yo los apretaré, padre,
al par de mi corazón.

—Tienes las manos muy blancas,
hija no son de varón.
—Yo les quitaré los guantes
para que las queme el sol.
—Conoceránte en los ojos,
que otros más lindos no son.
—Yo los revolveré, padre,
como si fuera un traidor.

Al despedirse de todos,
se le olvida lo mejor:
—¿Cómo me he de llamar, padre?
—Don Martín, el de Aragón.
—Y para entrar en las cortes,
padre, ¿cómo diré yo?
—Bésoos la mano, buen rey,
las cortes las guarde Dios.

Dos años anduvo en guerra
y nadie la conoció
si no fue el hijo del rey
que en sus ojos se prendó.
—Herido vengo, mi madre,
de amores me muero yo;
los ojos de Don Martín
son de mujer, de hombre no.
—Convídalo tú, mi hijo,
a las tiendas a feriar,
si Don Martín es mujer,
las galas ha de mirar.

Don Martín como discreto,
a mirar las armas va:
—¡Qué rico puñal es este,
para con moros pelear!

—Herido vengo, mi madre,
amores me han de matar,
los ojos de Don Martín
roban el alma al mirar.
—Llevarásla tú, hijo mío,
a la huerta a solazar;
si Don Martín es mujer,
a los almendros irá.

Don Martín deja las flores,
una vara va a cortar:
—¡Oh, qué varita de fresno
para el caballo arrear!
—Hijo, arrójale al regazo
tus anillas al jugar:
si Don Martín es varón,
las rodillas juntará;
pero si las separase,
por mujer se mostrará.

Don Martín muy avisado
hubiéralas de juntar.
—Herido vengo, mi madre,
amores me han de matar;
los ojos de Don Martín
nunca los puedo olvidar.
—Convídalo tú, mi hijo,
en los baños a nadar.

Todos se están desnudando;
Don Martín muy triste está:

—Cartas me fueron venidas,
cartas de gran pesar,
que se halla el Conde mi padre
enfermo para finar.
Licencia le pido al rey
para irle a visitar.
—Don Martín, esa licencia
no te la quiero estorbar.

Ensilla el caballo blanco,
de un salto en él va a montar;
por unas vegas arriba
corre como un gavilán:
—¡Adiós, adiós, el buen rey,
y tu palacio real;
que dos años te sirvió
una doncella leal!

Óyela el hijo del rey,
tras ella va a cabalgar.
—Corre, corre, hijo del rey
que no me habrás de alcanzar
hasta en casa de mi padre
si quieres irme a buscar.
Campanitas de mi iglesia,
ya os oigo repicar;
puentecito, puentecito
del río de mi lugar,
una vez te pasé virgen,
virgen te vuelvo a pasar.
Abra las puertas, mi padre,
ábralas de par en par.
Madre, sáqueme la rueca
que traigo ganas de hilar,
que las armas y el caballo
bien los supe manejar.

Tras ella el hijo del rey
a la puerta fue a llamar.

## LA ERMITA DE SAN SIMÓN

En Sevilla hay una ermita
cual dicen de San Simón,
adonde todas las damas
iban a hacer oración.
Allá va la mi señora,
sobre todas, la mejor,
saya lleva sobre saya,
mantillo de un tornasol,
en la su boca muy linda
lleva un poco de dulzor,
en la su cara muy blanca
lleva un poco de color,
y en los sus ojuelos garzos
lleva un poco de alcohol,
a la entrada de la ermita
relumbrando como el sol.
El abad que dice la misa,
no la puede decir, no,
monaguillos que le ayudan,
no aciertan responder, no:
por decir «amén», «amén»,
decían «amor», «amor».

# II

## Siglos de Oro:
### Renacimiento y Barroco
### (siglos XVI-XVII)

LA edad de oro de la poesía española abarca cerca de dos siglos, un tiempo en el que se sucedieron dos movimientos que, pareciendo contrarios, son tan sólo una evolución natural e histórica: el Renacimiento y el Barroco.

Tras la conquista de Granada por los Reyes Católicos concluye la Edad Media. España será el gran imperio del momento. Se había descubierto el continente americano y los dominios españoles se extienden por medio mundo.

En la poesía, donde también hay una ruptura con la estética medieval, se produce un fenómeno que marcará su historia: la adaptación a la lengua castellana de los modelos, temas y formas de la poesía culta italiana renacentista. La nueva estética, inspirada en la civilización grecolatina, aspira a lograr la belleza, el equilibrio, la armonía.

El Renacimiento español se divide en dos períodos. El primero —reinado de Carlos V— comprende la primera mitad del siglo XVI. Se caracteriza por el humanismo (el hombre es el centro del universo y el que da sentido a las cosas) y la imitación directa de la poesía italiana, especialmente, de Petrarca.

La figura de este período es Garcilaso, el gran cultivador e innovador de las nuevas corrientes, que introdujo la lira y compuso sonetos de gran perfección. Los temas preponderantes serán el amor (el amor imposible, donde se ve la belleza de la amada como reflejo de la armonía divina), la naturaleza idealizada y la mitología.

En estos años se produjo también un movimiento antiitalianista, capitaneado por Cristóbal de Castillejo, que defendía los metros tradicionales españoles (el octosílabo, el romance) frente a las formas importadas (el endecasílabo, el soneto).

El segundo período está marcado por la Contrarreforma, emprendida por el Papa desde el Concilio de Trento y apoyada personalmente por Felipe II. En este concilio, que duró dieciocho años, se pretendió tanto combatir las ideas reformistas de Lutero, que darán origen al protestantismo, como evitar que estas doctrinas se propagaran por los países católicos más tradicionales, en especial, España. Y es el punto de partida de la nueva reforma de la Iglesia católica, de la llamada Contrarreforma. En este medio siglo, por tanto, una religión severa presidirá la vida diaria, y la mejor poesía estará escrita por religiosos.

Perviven, en estos años, las innovaciones formales y continúan los temas propiamente renacentistas, pero ahora se tratarán desde un punto de vista trascendente. El amor humano ya no es un fin en sí mismo, sino un reflejo del amor divino, y un medio de llegar a él. Es la época de la ascética —aspirar a la perfección del espíritu mediante el dominio de las pasiones y el cultivo de la virtud—, y de la mística —purificarse para llegar a la unión con Dios—, tendencias representadas por dos grandes poetas: Fray Luis de León y San Juan de la Cruz, respectivamente.

Ya en el siglo XVII, y tras la muerte de Felipe II, España comienza su imparable decadencia: la pérdida de sus territorios, la ruina económica, las intrigas de la Corte... Es la etapa del Barroco, en la que la literatura española, paradójicamente, alcanza su momento de máximo esplendor: las comedias de Lope, los dramas de Calderón, la poesía de Quevedo y Góngora, *El Quijote* de Cervantes...

El Barroco se presenta, en principio, con los mismos materiales poéticos que el Renacimiento; pero si este se caracteriza por la claridad, el Barroco será oscuridad, desmesura y contrastes. El Renacimiento busca la armonía entre el hombre y la naturaleza a través del amor; en el Barroco hay una continua lucha entre la pasión y la razón: la una le impulsa al hombre hacia arriba, pero la otra lo mantiene atado a lo más bajo.

Es, por tanto, una época de profundas contradicciones. La figura que representa este espíritu y que mejor refleja los contrastes de su época es Quevedo, capaz de expresar en sus poemas lo excelso y lo ínfimo, lo profano y lo divino, lo idealista y lo material, lo bello y lo feo, la rebeldía y la sumisión... Y es que el hombre barroco tiene dos formas de enfrentarse a su confusa realidad: sublimarla, elevarse mediante la religión; o caer, tocar fondo, y burlarse y degradar absolutamente esa realidad.

Quevedo toma las dos posturas. Escribe poemas de profunda religiosidad o de amor elevado que se alternan con otros poemas escatológicos (la mierda, el culo), soeces (los putos, los cornudos) o personalmente insultantes.

El desencanto —en todos los órdenes— será la palabra clave del Barroco. Y sus temas predominantes: la muerte, el arrepentimiento, el mundo como ilusión (*El gran teatro del mundo* o *La vida es sueño*) y, por encima de todos, como síntesis y estribillo: el tiempo. El lema renacentista del *carpe diem*, «goza de la vida ahora», se transformará en *tempus fugit*, «el tiempo pasa», que será la obsesión del hombre barroco: la vida es breve, la vida es sufrimiento, vivir es ir muriendo, todo nos lleva a la muerte... No es de extrañar, por tanto, que en los poemas se recurra constantemente a los símbolos del reloj, de la rosa —ver el soneto de Calderón— o de las ruinas del antiguo esplendor, como la civilización romana.

En este período resurgen —nunca se había perdido— los romances y la lírica popular medieval, que son una fuente de inspiración, glosa y referencia para los autores, que combinarán estas formas con las italianizantes, más cultas. Los tres grandes poetas del Barroco son el aludido Quevedo, Lope de Vega y Gongora. Junto a ellos conviven decenas de nombres de gran calidad, que sólo resultan menores si se les compara con estos tres genios.

Comenzamos esta segunda parte con un poema anónimo del siglo XVI, que todavía recuerda la estética medieval de los *Cancioneros*. Tras un intermedio, que sirve para separar Renacimiento y Barroco, con dos sonetos anónimos y fronterizos, concluimos esta edad de oro con un poema que cronológicamente no debiera figurar al final (fue impreso en 1629), pero que está ahí como broche de oro: *A Cristo crucificado,* de autor anónimo, uno de los sonetos más bellos de la lengua española.

# Anónimo

Si osase decir mi boca
lo que siente el alma mía,
señora, tocar querría
donde la camisa os toca.

No es mucho no tener tasa
este temor de perderos,
pues, señora, en el quereros
de la misma suerte pasa:
desde el chapín a la boca
os adora el alma mía,
y sólo tocar querría
donde la camisa os toca.

Si os viese yo, mi señora,
y sin camisa os tocase,
y otro bien no desease
aquesta alma que os adora,
y entonces ojos y boca
tocase la boca mía,
lo demás yo tocaría
donde la camisa os toca.

Siento yo extrañamente
de ver que os está tocando,
y con morir deseando
lo que ella goza y no siente;

pues diferencia hay poca
de su tocadura y mía,
señora, tocar querría
donde la camisa toca.

# GARCILASO DE LA VEGA
## (1503-1536)

Es el prototipo del caballero renacentista: guerrero, cortesano y culto. De familia de noble estirpe —descendiente del marqués de Santillana—, nació en Toledo, la ciudad imperial de Carlos V. Se educó en la corte, estudiando trivium, música, esgrima y equitación; también aprendió griego, toscano, francés y latín. A los diecisiete años fue nombrado guardia de palacio de la Casa Real; dos años después participó en la fracasada expedición a la isla griega de Rodas, junto a Boscán. A los veintidós años se casó, por consejo del rey, con Elena de Zúñiga, con la que tuvo varios hijos. Sin embargo, la mujer que le inspiró sus versos de amor fue Isabel de Freire, una dama portuguesa del séquito de la reina, a la que conoció durante los festejos de la boda de Carlos V con Isabel de Portugal, que duraron seis meses. Posteriormente, acompañó al soberano a Roma, donde el Papa coronaría a este último emperador de la cristiandad. Sus buenas relaciones con la corte se deshicieron cuando Garcilaso asistió a la boda de un sobrino del rey no autorizada por el monarca. Carlos V, entonces, lo desterró a Napolés. Años después, Garcilaso en un breve viaje a la Península, visita a su mujer y a sus hijos en Toledo, y también acude a la tumba de Isabel de Freire, su gran amor, que había fallecido al dar a luz a su tercer hijo. Lejos de su tierra y de sus seres queridos, acompaña a la armada napolitana en su expedición contra Túnez, y al año siguiente participa en la fracasada invasión a Francia. El 19 de octubre de 1536 resulta mortalmente herido al intentar escalar —sin casco ni coraza— la torre de Muey, en la Provenza Francesa. A su muerte, su amigo Boscán se preocupó de publicar sus poemas.

La obra de Garcilaso, una de las más importantes del Renacimiento europeo, es breve: 40 sonetos, 3 églogas y 16 poemas varios, sin embargo destaca por su perfección formal y por la serena y a la vez honda expresión de los sentimientos. Imitó a Virgilio en sus églogas, en las que se exalta la vida bucólica y pastoril; y a Petrarca y a otros poetas italianos en sus sonetos, pero siempre supo dar una voz personal —sencilla, elegante, musical— a sus poemas. En su Égloga II —demasiado compleja para incluirla aquí— se narra su amor por Isabel de Freire. El soneto «En tanto que de rosa y de azucena...» inaugura, en la literatura española, uno de los temas de la tradición literaria, que proviene de Horacio, el llamado carpe diem, goza de la vida, aprovecha el día.

ESCRITO ESTÁ EN MI ALMA VUESTRO GESTO...

Escrito está en mi alma vuestro gesto,
y cuanto yo escribir de vos deseo;
vos sola lo escribisteis, yo lo leo
tan solo, que aun de vos me guardo en esto.

En esto estoy y estaré siempre puesto;
que aunque no cabe en mí cuanto en vos veo,
de tanto bien lo que no entiendo creo,
tomando ya la fe por presupuesto.

Yo no nací sino para quereros;
mi alma os ha cortado a su medida;
por hábito del alma mismo os quiero.

Cuanto tengo confieso yo deberos;
por vos nací, por vos tengo la vida,
por vos he de morir, y por vos muero.

## EN TANTO QUE DE ROSA Y AZUCENA…

En tanto que de rosa y azucena
se muestra la color en vuestro gesto,
y que vuestro mirar ardiente, honesto,
enciende el corazón y lo refrena;

y en tanto que el cabello, que en la vena
del oro se encogió, con vuelo presto
por el hermoso cuello blanco, enhiesto,
el viento mueve, esparce y desordena;

coged de vuestra alegre primavera
el dulce fruto, antes que el tiempo airado
cubra de nieve la hermosa cumbre.

Marchitará la rosa el viento helado.
todo lo mudará la edad ligera,
por no hacer mudanza en su costumbre.


## ESTOY CONTINUO EN LÁGRIMAS BAÑADO…

Estoy continuo en lágrimas bañado,
rompiendo el aire siempre con suspiros;
y más me duele nunca osar deciros
que he llegado por vos a tal estado;

que viéndome do estoy, y lo que he andado
por el camino estrecho de seguiros,
si me quiero tornar para huiros,
desmayo viendo atrás lo que he dejado;

si a subir pruebo en la difícil cumbre,
a cada paso espántanme en la vía,
ejemplos tristes de los que han caído.

Y sobre todo fáltame la lumbre
de la esperanza, con que andar solía
por la oscura región de vuestro olvido.

Nadie puede ser dichoso,
señora, ni desdichado,
sino que os haya mirado.

Porque la gloria de veros
en ese punto se quita
que se piensa mereceros.

Así que, sin conoceros,
nadie puede ser dichoso,
señora, ni desdichado,
sino que os haya mirado.

# GUTIERRE DE CETINA
## (1520-1557)

*Sevillano de familia noble, viajó a Italia para estar al servicio del emperador Carlos V; allí se encargó del avituallamiento del ejército. También organizó el viaje del príncipe —el que sería Felipe II— por Italia y Alemania. Viajó a México, donde murió como consecuencia de un lance de capa y espada. De carácter enamoradizo, cortejó a numerosas damas, como refleja en sus versos. Su poesía está a medio camino entre la de Garcilaso y la de Herrera, y es esencialmente amorosa, predominando el tema de los ojos. Cetina es autor de uno de los poemas más populares de la literatura española —su Madrigal— y el introductor de esta forma poética en España.*

MADRIGAL

Ojos claros, serenos,
si de un dulce mirar sois alabados,
¿por qué, si me miráis, miráis airados?
Si cuanto más piadosos,
más bellos parecéis a aquel que os mira,
no me miréis con ira,
porque no parezcáis menos hermosos.
¡Ay tormentos rabiosos!
Ojos claros, serenos,
ya que así me miráis, miradme al menos.

## SONETO
### (Al monte donde fue Cartago)

Excelso monte, do el romano estrago
eterna mostrará vuestra memoria;
soberbios edificios, do la gloria
aún resplandece de la gran Cartago;

desierta plaza, que apacible lago
fuiste lleno de triunfos y victoria;
despedazados mármoles, historia
en que se lee cuál es del mundo el pago;

arcos, anfiteatros, baños, templo,
que fuisteis edificios celebrados,
y agora apenas vemos las señales:

gran remedio a mi mal es vuestro ejemplo,
que si del tiempo fuisteis derribados
el tiempo derribar podrá mis males.

# BALTASAR DE ALCÁZAR
## (1530-1606)

Nacido en Sevilla, fue aficionado a los secretos naturales y a la música. Se alistó como soldado en las naves del marqués de Santa Cruz y luchó contra los franceses, pero pronto dejó la vida militar. Estuvo veinte años al servicio de los duques de Alcalá. Enfermo de gota, los últimos años de su vida fueron tristes y solitarios. Alcázar tuvo en muy poca estima su obra. Su poesía, tan distinta a la de su compañero Herrera, es festiva, jocosa, divertida, realista, en la que se burla con cariño de casi todo y canta las cosas sencillas y prosaicas de la vida, especialmente la comida. También tiene bellos poemas amorosos y religiosos menos conocidos. Su obra poética se publicó por primera vez en 1856. Es muy popular su estrofa: «Con dos tragos del que suelo / llamar yo néctar divino, / y a quien otros llaman vino / porque nos vino del cielo.»

### CANCIÓN

Tres cosas me tienen preso
de amores el corazón:
la bella Inés, el jamón
y berenjenas con queso.

Una Inés, amante, es
quien tuvo en mí tal poder
que me hizo aborrecer
todo lo que no era Inés.
Trájome un año sin seso,
hasta que en una ocasión
me dio a merendar jamón
y berenjenas con queso.

73

Fue de Inés la primer palma;
pero ya juzgarse ha mal
entre todos ellos cuál
tiene más parte en mi alma.
En gusto, medida y peso
no les hallo distinción:
ya quiero Inés, ya jamón,
ya berenjenas con queso.

Alega Inés su beldad;
el jamón, que es de Aracena;
el queso y la berenjena,
su andaluza antigüedad.
Y está tan en fil el peso
que, juzgado sin pasión,
todo es uno: Inés, jamón
y berenjenas con queso.

Servirá este nuevo trato
destos mis nuevos amores
para que Inés sus favores
nos los venda más barato,
pues tendrá por contrapeso,
si no hiciere razón,
una lonja de jamón
y berenjenas con queso.


MODO DE VIVIR EN LA VEJEZ

Deseáis, señor Sarmiento,
saber en estos mis años,
sujetos a tantos daños,
cómo me porto y sustento.

Yo os lo diré en brevedad,
porque la historia es bien breve,

74

y el daros gusto se os debe
con toda puntualidad.

Salido el sol por Oriente
de rayos acompañado,
me dan un huevo pasado
por agua, blando y caliente.

Con dos tragos del que suelo
llamar yo néctar divino,
y a quien otros llaman vino
porque nos vino del cielo.

Cuando el luminoso vaso
toca en la meridional,
distando por un igual
del Oriente y del ocaso,

me dan asada o cocida
de una gruesa y gentil ave,
con tres veces del suave
licor que alegra la vida.

Después que, cayendo, viene
a dar en el mar Hesperio,
desamparado el imperio
que en este horizonte tiene,

me suelen dar a comer
tostadas en vino mulso,
que el enflaquecido pulso
restituyen a su ser.

Luego me cierran la puerta,
yo me entrego al dulce sueño,
dormido, soy de otro dueño;
no sé de mí nueva cierta.

Hasta que, habiendo sol nuevo,
me cuentan cómo he dormido:
y así de nuevo les pido
que me den néctar y huevo.

Ser vieja la casa es esto:
veo que se va cayendo,
voyle puntales poniendo
porque no caiga tan presto.

Mas todo es vano artificio;
presto me dicen mis males
que han de faltar los puntales
y allanarse el edificio.


## SONETO

Cansado estoy de haber sin Ti vivido,
que todo causa en tan dañosa ausencia;
mas, ¿qué derecho tengo a tu clemencia,
si me falta el dolor de arrepentido?

Pero, Señor, en pecho tan rendido
algo descubrirás de suficiencia
que te obligue a curar como dolencia
mi obstinación y yerro cometido.

Tuya es mi conversión y Tú la quieres;
tuya es, Señor, la traza y tuyo el medio
de conocerme yo y de conocerte.

Aplícale a mi mal, por quien Tú eres,
aquel eficacísimo remedio
compuesto de tu sangre, vida y muerte.

# Fray Luis de León
## (1527-1591)

*Fue un hombre silencioso, «el más callado que he conocido», dice de él uno de sus contemporáneos, pero «con gran agudeza en sus dichos», de costumbres austeras, que llevó una vida muy moderada en la comida, en la bebida y en el sueño. Se cuenta que al volver a la universidad, tras permanecer cinco años en prisión por una injusta condena, comenzó sus clases con «Decíamos ayer...», como si nada hubiera pasado.*

*De una rica familia judía, nació en Belmonte (Cuenca), pasó su infancia en Granada, donde su padre era juez, y en Madrid. A los dieciséis años se fue a Salamanca, ciudad en la que ya viviría, para ingresar en la orden de los agustinos. Licenciado en Teología, fue profesor de la universidad, y un hombre con una vasta cultura, cuya inteligencia y elocuencia en castellano y latín eran reconocidas hasta por sus enemigos. Admirador de Horacio y defensor de la vida sencilla, Fray Luis se vio envuelto en las disputas que entonces había entre las diversas órdenes religiosas, y fue denunciado por varios colegas: se le acusó de haber traducido el* Cantar de los Cantares, *de Salomón, y de ser partidario de, en los pasajes de dudosa interpretación, consultar la Biblia en hebreo —que es su lengua original—, en lugar de limitarse a la versión latina, la llamada Vulgata, que era la Biblia oficial de la Iglesia. A la salida de la cárcel de Valladolid su figura salió fortalecida y regresó a Salamanca, donde continuó con sus clases y sus trabajos, entre ellos, la preparación de las obras de santa Teresa. Fue un hombre muy culto dedicado al estudio, como propugnaba su orden, fundada por san Agustín, de quien procedía la sentencia que podía definir la actitud vital de Fray Luis:*

«Unidad en las cosas necesarias, libertad en las dudosas y caridad en todas.»

Fray Luis de León es un poeta clásico, modelo de perfección y de amor a la palabra clara, sencilla y exacta, a la vez que defendía también la musicalidad y la dulzura. Su obra original es escasa: veintiocho poemas, más ocho atribuidos, y nunca la publicó en vida. Fue Quevedo, en 1631 el que editó sus poesías, como antídoto al gongorismo de aquellos años.

Influido por Horacio, Virgilio, Platón y la Biblia, su mundo poético está marcado por el ansia de soledad, el alejarse del mundanal ruido, y en este retiro íntimo, y con el alma serena, buscar el contacto con la naturaleza para llegar a sentir la paz y la armonía de la creación.

## ODA A LA VIDA RETIRADA

¡Qué descansada vida
la del que huye el mundanal ruido,
y sigue la escondida
senda por donde han ido
los pocos sabios que en el mundo han sido! [...]

Despiértenme las aves
con su cantar sabroso no aprendido,
no los cuidados graves
de que es siempre seguido
quien al ajeno arbitrio está atenido.

Vivir quiero conmigo;
gozar quiero del bien que debo al cielo,
a solas, sin testigo,
libre de amor, de celo,
de odio, de esperanzas, de recelo.

Del monte en la ladera
por mi mano plantado tengo un huerto,
que con la primavera,
de bella flor cubierto,
ya muestra en esperanza el fruto cierto.

Y como codiciosa
de ver y acrecentar su hermosura,
desde la cumbre airosa
una fontana pura
hasta llegar corriendo se apresura;

y luego, sosegada,
el paso entre los árboles torciendo,
el suelo de pasada
de verdura vistiendo,
y con diversas flores va esparciendo.

El aire el huerto orea,
y ofrece mil olores al sentido;
los árboles menea
con un manso ruïdo,
que del oro y del cetro pone olvido. [...]


### ODA

A Francisco Salinas,
catedrático de Música de la Universidad de Salamanca

El aire se serena
y viste de hermosura y luz no usada,
Salinas, cuando suena
la música extremada,
por vuestra sabia mano gobernada;

a cuyo son divino
mi alma, que en olvido está sumida,
torna a cobrar el tino
y memoria perdida
de su origen primera esclarecida.

Y como se conoce,
en suerte y pensamientos se mejora;
el oro desconoce,
que el vulgo ciego adora,
la belleza caduca, engañadora.

Traspasa el aire todo
hasta llegar a la más alta esfera,
y oye allí otro modo
de no perecedera
música, que es de todas la primera.

Ve cómo el gran maestro,
a aquesta inmensa cítara aplicado,
con movimiento diestro
produce el son sagrado,
con que este eterno templo es sustentado.

Y como está compuesta
de números concordes, luego envía
consonante respuesta;
y entrambas a porfía
mezclan una dulcísima armonía.

Aquí la alma navega
por un mar de dulzura, y finalmente
en él ansí se anega
que ningún accidente
extraño y peregrino oye o siente.

¡Oh, desmayo dichoso!
¡Oh, muerte que das vida! ¡Oh, dulce olvido!
¡Durase en tu reposo,
sin ser restituido
jamás a aqueste bajo y vil sentido!

A aqueste bien os llamo,
gloria del apolíneo sacro coro,
amigos a quien amo
sobre todo tesoro;
que todo lo demás es triste lloro.

¡Oh! suene de contino,
Salinas, vuestro son en mis oídos,
por quien al bien divino
despiertan los sentidos
quedando a lo demás amortecidos.

# SAN JUAN DE LA CRUZ
## (1542-1591)

Nacido en Fontiveros (Ávila), Juan de Yepes y Álvarez tuvo que trabajar como enfermero en el Hospital de Medina del Campo (Valladolid) mientras estudiaba con los jesuitas. A los diecinueve años ingresó en los carmelitas, se trasladó a Salamanca —donde conoció a Fray Luis— y se hizo sacerdote. A su vuelta a Medina, santa Teresa le pidió ayuda en su reforma de la orden religiosa. San Juan fundó los primeros conventos de carmelitas descalzos, pero fue apresado por un grupo de frailes contrarios a esta reforma, y sufrió prisión en Toledo en 1577. Allí, entre penitencias y duros castigos, compuso el Cántico espiritual. A los ocho meses escapó de su encierro y se refugió en un monasterio. Una vez reconocida la orden de los descalzos, pudo continuar su labor reformista —especialmente, en Andalucía—. Pero a la muerte de santa Teresa (1582) volvió a ser perseguido.

Influido por la poesía italianizante, la Biblia y las canciones de la lírica popular, la obra de san Juan es muy breve. No llega a los mil versos: dos glosas, cinco canciones, diez romances y tres composiciones en liras, que son las más importantes: Noche oscura del alma, Cántico espiritual y Llama de amor viva. En ellas, como en el resto de su obra, san Juan trata de expresar su experiencia mística —salirse del cuerpo para sentir el universo, para llegar a abrazar lo absoluto—, la íntima comunión de su alma con Dios. Para hablar de lo inefable se sirve de la alegoría y del simbolismo. San Juan hace un paralismo entre el amor humano y el amor divino. Quizá por ello se ha considerado que es el poeta que, con mayor intensidad, ha sabido cantar la experiencia amorosa.

# CÁNTICO ESPIRITUAL

*Esposa:*

¿Adónde te escondiste,
Amado, y me dejaste con gemido?
Como el ciervo huiste,
habiéndome herido;
salí tras ti clamando, y eras ido.

Pastores, los que fuerdes
allí por las majadas al otero,
si por ventura vierdes
aquel que yo más quiero,
decidle que adolezco, peno y muero.

Buscando mis amores,
ir por esos montes y riberas;
ni cogeré las flores,
ni temeré las fieras,
y pasaré los fuertes y fronteras.

*(Pregunta a las Criaturas)*

¡Oh bosques y espesuras,
plantadas por la mano del Amado!
¡Oh prado de verduras,
de flores esmaltado!
Decid si por vosotros ha pasado.

*(Responden las Criaturas)*

Mil gracias derramando
pasó por estos sotos con presura,
y, yéndolos mirando,
con sola su figura
vestidos los dejó de hermosura.

*Esposa:*

¡Ay, quién podrá sanarme!
Acaba de entregarte ya de vero;
no quieras enviarme
de hoy más ya mensajero,
que no saben decirme lo que quiero.

Y todos cuantos vagan
de ti me van mil gracias refiriendo,
y todos más me llagan,
y déjame muriendo
un no sé qué que quedan balbuciendo.

Mas ¿cómo perseveras,
¡oh vida!, no viviendo donde vives,
y haciendo porque mueras
las flechas que recibes
de lo que del Amado en ti concibes?

¿Por qué, pues has llagado
aqueste corazón, no le sanaste?
Y, pues me le has robado,
¿por qué así le dejaste,
y no tomas el robo que robaste?

Apaga mis enojos,
pues que ninguno basta a deshacellos,
y véante mis ojos,
pues eres lumbre dellos,
y sólo para ti quiero tenellos.

Descubre tu presencia,
y máteme tu vista y hermosura;
mira que la dolencia
de amor, que no se cura
sino con la presencia y la figura.

¡Oh cristalina fuente,
si en esos tus semblantes plateados
formases de repente
los ojos deseados
que tengo en mis entrañas dibujados!

¡Apártalos, Amado,
que voy de vuelo!

*Esposo:*
Vuélvete, paloma,
que el ciervo vulnerado
por el otero asoma
al aire de tu vuelo, y fresco toma.

*Esposa:*
Mi Amado, las montañas,
los valles solitarios nemorosos,
las ínsulas extrañas,
los ríos sonorosos,
el silbo de los aires amorosos,

la noche sosegada
en par de los levantes del aurora,
la música callada,
la soledad sonora,
la cena que recrea y enamora. [...]

# FERNANDO DE HERRERA
## (1534-1597)

*Se le conoció con el sobrenombre de* El Divino *y se le considera el iniciador del cultismo en la poesía del Siglo de Oro, que tiene su cenit en Góngora. Fue un defensor de la obra de Garcilaso y de la poesía italianizante. Vivió siempre en Sevilla, su ciudad natal, como un modesto sacerdote consagrado al estudio y a la poesía. Fue la figura central del grupo poético que allí se reunía, la «escuela sevillana», opuesta a la «escuela salmantina» de Fray Luis. Su poesía destaca por su perfección formal, y se puede dividir en patriótica y amorosa, toda ella inspirada en su amor imposible por la condesa de Gelves, Leonor de San Millán, esposa de su protector. En el primer soneto que aquí se incluye, el poeta afirma que, aunque ella envejezca, él seguirá amándola de igual modo.*

LAS HEBRAS DE ORO PURO QUE EN LA FRENTE...

Las hebras de oro puro que en la frente
cercan en ricas vueltas, do el tirano
señor teje los lazos con su mano,
y arde en la dulce luz, resplandeciente,

cuando el invierno frío se presente
vencedor de las flores del verano,
el purpúreo color tornando vano,
en plata volverán su lustra ardiente.

Y no por eso amor mudará el puesto,
que el valor lo asegura y cortesía,
el ingenio y del alma la nobleza.

Es mi cadena y fuego el pecho honesto,
y virtud generosa, Lumbre mía,
de vuestra eterna, angélica belleza.


SÓLO DE UNOS HONESTOS DULCES OJOS...

Sólo de unos honestos dulces ojos
tengo lleno mi alto pensamiento;
sólo de una belleza cuido y siento
que da justa ocasión a mis enojos;

sólo me prende un lazo, que en manojos
de oro esparce el amor al manso viento:
sólo de una grandeza mi tormento
procede, que enriquece mis despojos.

No escucho otra voz, ni amo, y no me acuerdo
de otra gracia jamás, ni espero y veo
otro valor igual en mortal velo;

sino fuese saber que ausente pierdo
la gloria que se debe a mi deseo,
¡nunca más bien de amor me diese el cielo!

# MIGUEL DE CERVANTES
## (1547-1616)

*Aunque es el padre de la novela moderna y el autor de la obra más importante de la literatura española,* Don Quijote de la Mancha, *Cervantes también fue un poeta apreciable, que incluía poemas en sus novelas, con una amplia obra en verso. Nacido en Alcalá de Henares, no se sabe demasiado sobre su infancia. Su padre era médico y vivió en Valladolid, en diversas ciudades andaluzas y en Madrid. En 1569 pasó a Italia como camarero del cardenal Acquaviva. Se alistó en el ejército y en la batalla naval de Lepanto (1571) fue herido y se quedó inhábil de la mano izquierda. Siguió como soldado y cuando regresaba a España, la galera* Sol, *en la que viajaba, fue apresada por los turcos. Cervantes estuvo cinco años prisionero en Argel. Ya en Madrid y Valladolid, se dedicó, sin éxito, a la literatura, y trabajó como recaudador de impuestos. En 1605 publicó la primera parte de* El Quijote, *logrando, por fin, el reconocimiento. Sin embargo, lo que más amaba Cervantes era la poesía, «la gracia que no quiso darme el cielo», como la definía. Impulsor del* Romancero, *él mismo compuso centenares de romances, casi todos perdidos; y fue un defensor tanto de la poesía tradicional como italianizante. Poemas suyos aparecieron en Cancioneros de la época, y escribió en verso diez obras teatrales. Cervantes es un buen poeta, cuyo* Quijote *—de donde hemos sacado los dos poemas que incluimos— ensombreció su poesía.*

¿Quién menoscaba mis bienes?
  Desdenes.
Y ¿quién aumenta mis duelos?
  Los celos.
Y ¿quién prueba mi paciencia?
  Ausencia.

De este modo, en mi dolencia,
ningún remedio se alcanza,
pues me matan la esperanza,
desdenes, celos y ausencia.

¿Quién me causa este dolor?
  Amor.
Y ¿quién mi gloria repuna?
  Fortuna.
Y ¿quién consiente mi duelo?
  El cielo.

De este modo, yo recelo
morir deste mal extraño,
pues se aumentan en mi daño
amor, fortuna y el cielo.

¿Quién mejorará mi suerte?
  La muerte.
Y el bien de amor, ¿quién le alcanza?
  Mudanza.
Y sus males, ¿quién los cura?
  Locura.

De este modo, no es cordura
querer curar la pasión,
cuando los remedios son
muerte, mudanza y locura.

Busco la muerte en la vida,
salud en la enfermedad,
en la prisión libertad,
en lo cerrado salida
y en el traidor libertad.
Pero mi suerte, de quien
jamás espero algún bien,
con el cielo ha estatuido,
que, pues, lo imposible pido,
lo posible aún no me den.

# ANÓNIMOS

### AFICIÓN POR LA MUJER

Ninguna mujer hay que yo no quiera,
a todas amo y soy aficionado;
de toda suerte, condición y estado,
todas las amo y quiero en su manera.

Adoro la amorosa y la austera,
por la discreta y simple soy penado,
y por morena y blanca enamorado,
ora sea casada, ora soltera.

Todo lo que Dios cría es buena cosa,
tan mujer es aquésta como aquélla
lo que tiene la una, la otra tiene.

Agora sea fea, agora hermosa,
siempre es tenella por hermosa y bella,
que en la mujer el hombre se conviene.

### LA MUJER Y LOS AÑOS

De quince a veinte es niña; buena moza
de veinte a veinticinco, y por la cuenta
gentil mujer de veinticinco a treinta,
¡dichoso aquel que en tal edad las goza!

De treinta a treinta y cinco no alboroza,
mas se puede comer con salpimienta.
Pero de treinta y cinco hasta cuarenta,
anda en vísperas ya de una coroza.

A los cuarenta y cinco es bachillera,
gansea, pide y juega del vocablo.
Cumplidos los cincuenta da en santera.

A los cincuenta y cinco hecha retablo,
niña, moza, mujer, vieja, hechicera,
bruja y santera, se la lleva el diablo.


NO ERES NIEVE, QUE FUERAS DERRETIDA…

No eres nieve, que fueras derretida
ya del furioso fuego que me abrasa,
ni brasa porque fueras siendo brasa
del agua de mis ojos consumida;

ni dama aunque por tal eres tenida,
porque mirando el mal que por mí pasa
si no es que fueras de sentido escasa
te tuviera mi amor enternecida;

y no eres piedra, que si piedra fueras
bastara mi porfía a deshacerte;
eres un imposible de estos hechos:

de fuego los efectos y las veras,
de dama altiva la soberbia y suerte,
de piedra el corazón, de nieve el pecho.

# BARTOLOMÉ LEONARDO DE ARGENSOLA
## (1561-1631)

Los Argensola —Bartolomé y su hermano mayor Lupercio— representan la vuelta al clasicismo, en una época de luchas entre culteranistas de Góngora o conceptistas de Quevedo. Nacido en Barbastro, estudió derecho canónico en Salamanca y estuvo al servicio del duque de Villahermosa; después, de la emperatriz María de Austria. Posteriormente, el conde de Lemos, al ser nombrado virrey de Napolés, se lo llevó a Italia junto con su hermano. Allí fundaron la Academia de los Ociosos. En sus últimos años fue cronista del reino de Aragón y canónigo de la catedral de Zaragoza. El último terceto del soneto «Yo os quiero confesar...» expresa perfectamente el sentimiento de profundo desengaño que caracteriza al hombre barroco.


YO OS QUIERO CONFESAR...

Yo os quiero confesar, don Juan, primero:
que aquel blanco y color de doña Elvira
no tiene de ella más, si bien se mira,
que el haberle costado su dinero.

Pero tras eso confesaros quiero
que es tanta la beldad de su mentira
que en vano a competir con ella aspira
belleza igual de rostro verdadero.

Mas, ¿qué mucho que yo perdido ande
por un engaño tal, pues que sabemos
que nos engaña así Naturaleza?

Porque ese cielo azul que todos vemos
ni es cielo ni es azul: ¡Lástima grande
que no sea verdad tanta belleza!


DIME, PADRE COMÚN, PUES ERES JUSTO...

Dime, Padre común, pues eres justo,
¿por qué ha de permitir tu providencia,
que, arrastrando prisiones la inocencia,
suba la fraude a tribunal augusto?

¿Quién da fuerzas al brazo, que robusto
hace a tus leyes firme resistencia,
y que el celo, que más las reverencia,
gima a los pies del vencedor injusto?

Vemos que vibran victoriosas palmas
manos inicias, la virtud gimiendo
del triunfo en el injusto regocijo.

Esto decía yo, cuando, riendo,
celestial ninfa apareció, y me dijo:
«¡Ciego!, ¿es la tierra el centro de las almas?»

# LUIS DE GÓNGORA
## (1561-1627)

«*Vive a lo grande, con coche, criados, atento siempre al decoro de su persona y de su linaje, frecuentando el trato y la amistad de la más alta nobleza.*» Así lo definió uno de su mejores biógrafos. Y es que Luis de Góngora y Argote, cordobés de ilustre familia, era un hombre orgulloso que desdeñaba la popularidad y escribía para una minoría culta. A los quince años se fue a estudiar a Salamanca; sin concluir los estudios, vuelve a Córdoba —había tomado las órdenes menores— como cabildo de la catedral. En 1617, un año antes de ordenarse sacerdote, es nombrado capellán del rey Felipe III y se traslada a Madrid, donde mantendría una gran amistad con el conde de Villamediana. Aficionado al juego y al lujo, sigue empeñado en vivir por encima de sus posibilidades, lo que hace que sus deudas crezcan hasta el extremo de que en 1625 es desahuciado de su casa por no pagar el alquiler. Entonces se traslada a Córdoba, donde, derrotado y enfermo, muere. Meses después se publican sus obras, que la Inquisición retiró.

Aunque fue sacerdote y tuvo algunas aventuras amorosas, a Góngora no le preocupó en especial ni la religión ni el amor. Estos dos temas, al igual que el de la naturaleza, son ideas más que sentimientos, excusas, pretextos para la creación poética. Lo que realmente le importaba era la belleza. Vive, como un señor consagrado a su poesía, aunque se defenderá con gran ingenio de los muchos ataques de sus enemigos literarios, con Quevedo y Lope a la cabeza.

Su poesía se puede dividir en tres bloques: la más accesible: romances, glosas y letrillas de inspiración popular; la cultista, con obras cumbres y complejísimas, como

*Las* Soledades o *la* Fábula de Polifemo y Galatea; *y una ter-*
*cera vía, equidistante entre ambas, a la que pertenecen*
*los sonetos, las canciones de estilo clásico y algunos poe-*
*mas burlescos. Su obra cultista —que aquí no está repre-*
*sentada por su dificultad— fue la que provocó ataques*
*enconados e imitadores fervorosos. Sin embargo, no hay*
*una diferencia esencial entre el Gongora oscuro y el cla-*
*ro. Los mismos recursos estilísticos (metáforas, neologis-*
*mos, hipérbatos) emplea en todos sus estilos, lo único*
*que en su poesía cultista los intensifica y exagera. Hay*
*que destacar su virtuosismo en el manejo del lenguaje.*
*Hemos elegido aquí poemas más accesibles y un bellísi-*
*mo soneto sobre el* carpe diem.

### EL TIEMPO

Si quiero por las estrellas
saber, tiempo, dónde estás,
miro que con ellas vas,
pero no vuelves con ellas.

¿Adónde imprimes tus huellas
que con tu curso no doy?

Mas, ay, que engañado estoy,
que vuelas, corres y ruedas;
tú eres, tiempo, el que te quedas
y yo soy el que me voy.

### LA MÁS BELLA NIÑA…

La más bella niña
de nuestro lugar,
hoy viuda y sola
y ayer por casar,

viendo que sus ojos
a la guerra van,
a su madre dice,
que escucha su mal:

¡Dejadme llorar
a orillas del mar!

Pues me diste, madre,
en tan tierna edad
tan corto el placer,
tan largo el pesar,
y me cautivaste
de quien hoy se va
y lleva las llaves
de mi libertad,

¡Dejadme llorar
a orillas del mar!

En llorar conviertan
mis ojos, de hoy más,
el sabroso oficio
del dulce mirar,
pues que no se pueden
mejor ocupar,
yéndose a la guerra
quien era mi paz,

¡Dejadme llorar
a orillas del mar!

No me pongáis freno
ni queráis culpar,
que lo uno es justo,
lo otro por demás.
Si me queréis bien,

no me hagáis mal;
harto peor fuera
morir y callar,

¡Dejadme llorar
a orillas del mar!

Dulce madre mía,
¿quién no llorará,
aunque tenga el pecho
como un pedernal,
y no dará voces
viendo marchitar
los más verdes años
de mi mocedad?

¡Dejadme llorar
a orillas del mar!

Váyanse las noches,
pues ido se han
los ojos que hacían
los míos velar;
váyanse, y no vean
tanta soledad,
después que en mi lecho
sobra la mitad,

¡Dejadme llorar
a orillas del mar!


MIENTRAS POR COMPETIR CON TU CABELLO...

Mientras por competir con tu cabello
oro bruñido al sol relumbra en vano;
mientras con menosprecio en medio el llano
mira tu blanca frente el lirio bello;

mientras a cada labio, por cogello,
siguen más ojos que al clavel temprano,
y mientras triunfa con desdén lozano
del luciente cristal tu gentil cuello,

goza cuello, cabello, labio y frente,
antes que lo que fue en tu edad dorada
oro, lirio, clavel, cristal luciente,

no sólo en plata o viola troncada
se vuelva, mas tú y ello juntamente
en tierra, en humo, en polvo, en sombra, en nada.


LAS FLORES DEL ROMERO...

Las flores del romero,
niña Isabel,
hoy son flores azules,
mañana serán miel.

Celosa estás, la niña,
celosa estás de aquel
dichoso, pues le buscas,
ciego, pues no te ve,
ingrato, pues te enoja,
y confiado, pues
no se disculpa hoy
de lo que hizo ayer.
Enjuguen esperanzas
lo que lloras por él,
que celos entre aquellos
que se han querido bien,
hoy son flores azules,
mañana serán miel.

Aurora de ti misma,
que cuando a amanecer
a tu placer empiezas,
te eclipsan tu placer,
serénense tus ojos,
y más perlas no des,
porque al Sol le está mal
lo que a la Aurora bien.
Desata como nieblas
todo lo que no ves,
que sospechas de amantes
y querellas después,
hoy son flores azules,
mañana serán miel.


ROMANCE


Amarrado al duro banco
de una galera turquesa,
ambas manos en el remo
y ambos ojos en la tierra,

un forzado de Dragut
en la playa de Marbella
se quejaba al ronco son
del remo y de la cadena:

«¡Oh sagrado mar de España,
famosa playa serena,
teatro donde se han hecho
cien mil navales tragedias!,

pues eres tú el mismo mar
que con tus crecientes besas
las murallas de mi patria,
coronadas y soberbias,

tráeme nuevas de mi esposa,
y dime si han sido ciertas
las lágrimas y suspiros
que me dice por sus letras,

porque si es verdad que llora
mi cautiverio en tu arena,
bien puedes al mar del Sur
vencer en lucientes perlas.

Dame ya, sagrado mar,
a mis demandas respuesta,
que bien puedes, si es verdad
que las aguas tienen lengua,

pero, pues no me respondes,
sin duda alguna que es muerta,
aunque no lo debe ser,
pues que vivo yo en su ausencia.

¡Pues he vivido diez años
sin libertad y sin ella,
siempre al remo condenado
a nadie matarán penas!»

En esto se descubrieron
de la Religión seis velas,
y el cómitre mandó usar
al forzado de su fuerza.

# Conde de Villamediana
## (1582-1622)

El 8 de abril de 1622, Juan de Tassis y Peralta, conde de Villamediana, mandó incendiar el teatro de Aranjuez, donde se representaba una obra suya —La gloria de Niquea— para sacar en brazos a la joven reina Isabel de Valois, esposa de Felipe IV, de la que estaba enamorado. No se sabe si la historia del incendio fue exactamente así. Lo cierto es que unas semanas más tarde Villamediana —que también estaba interesado en otra dama, Francisca de Tavares, en la que se había fijado el rey— fue acuchillado en la calle Mayor de Madrid, cerca de su casa.

Nacido en Lisboa y educado en palacio, su vida está marcada por la leyenda y el escándalo, y fue, incluso, juzgado por homosexualidad. Aficionado al juego y asiduo de la corte, sufrió un destierro a Valladolid y después viajó a Italia, donde asistió a la Academia de los Ociosos. Sus sátiras contra los personajes cortesanos le valieron un nuevo destierro. En Madrid alternó con los poetas de su tiempo, fue amigo de Góngora —quien le corrigió su Fábula de Faetón— y debido a su vida de lujos y juego, se vio envuelto en serios problemas económicos y tuvo que vender su cargo de Correo Mayor en Aragón. Su primer libro se imprimió en Zaragoza siete años después de su muerte.

El primer poema incluido aquí trata el tema de los efectos del amor, al que Quevedo y Lope dedicarán también varios sonetos.

DETERMINARSE Y LUEGO ARREPENTIRSE...

Determinarse y luego arrepentirse;
empezar a atrever y acobardarse;
arder el pecho y la palabra helarse;
desengañarse y luego persuadirse.

Comenzar una cosa y advertirse;
querer decir su pena y no aclararse;
en medio del aliento desmayarse,
y entre el amor y el miedo consumirse.

En las resoluciones detenerse;
hallada la ocasión no aprovecharse,
y perdido de cólera encenderse.

Y sin saber por qué, desvanecerse:
efecto son de amor; no hay que espantarse,
que todo del amor puede creerse.


DEFIÉNDEME DE ESTE MAL...

Defiéndeme de este mal
lo que el mismo mal me niega,
pues es tal que al alma llega,
y en ella queda inmortal.

Entiérrese mi querella
de su secreto vencida,
que no es bien que tenga vida
quien busca cómo perdella.

En los peligros buscados
se pierden los prevenidos,
remedios siempre perdidos
es muerte de desdichados.

Secreto yo te guardara
porque Amor manda guardarte,
si decirte y si callarte
la vida no me costara.

Quien sólo supo vivir
en desdichas confirmado
podrá morir confesado,
y confesado, morir.

Una verdad por castigo
pudiera decir, señora,
mas es ya muy tarde agora,
y habrá de morir conmigo.


LLEGAR, VER Y ENTREGARME...

Llegar, ver y entregarme ha sido junto,
la deuda general pagada os tengo,
y a ser de vos injustamente vengo
condenado sin culpa en sólo un punto.

Padezco el mal, la causa no barrunto,
que yo, sin esperanza, me entretengo,
y sólo de adoraros me mantengo
vivo al servir, y al merecer difunto.

Quien sabe tanto y claramente entiende
que esperar algo es yerro sin disculpa,
con la intención no puede haber errado.

Miro y no hallo en mí de qué me enmiende;
mas si desdichas las tenéis por culpa,
¿cómo estará sin ella un desdichado?

# LOPE DE VEGA
## (1562-1635)

Se le conoció como el «Fénix de los ingenios». Cervantes lo llamó «monstruo de la naturaleza». Realmente fue un superhombre, una figura única, con una vida —y una obra— excepcional y desmesurada. Cultivó todos los géneros literarios conocidos en su época: escribió más de mil quinientas obras teatrales, que tuvieron enorme éxito, tanto en su tiempo como ahora (Fuenteovejuna, El caballero de Olmedo, El perro del hortelano); novelas, poemas épicos y una abundante producción lírica. No es fácil comprender cómo alguien que escribió tanto, tuvo tiempo de llevar una vida tan agitada y turbulenta, marcada por innumerables episodios amorosos: primero fue Elena Osorio (Filis, en sus poemas), quien, tras cuatro años de relación, le abandona. Enamorado después de Isabel de Urbina (Belisa), la rapta y la lleva a Valencia, donde se casa con ella. Años después vive en Toledo, como secretario del duque de Alba. En 1594, y una vez que fallece su esposa y las dos hijas que tuvo, se traslada a Madrid, en donde continúa con numerosos amoríos. Se amanceba con Antonia Trillo. Vuelve a casarse, se cree que por motivos económicos, con Juana de Guardo, mientras mantiene relaciones con Micaela Lujan (Camila Lucinda, en sus obras), una actriz casada, con quien tendrá cinco hijos. A los cincuenta y un años sufre una gran crisis existencial tras la muerte de su esposa y de su hijo más querido, Carlos Félix, y se ordena sacerdote. Es entonces cuando escribe sus impresionantes Rimas sacras. Sin embargo, no es fácil permanecer alejado del mundo para alguien tan vitalista como Lope, y entrarán en su vida tres nuevas mujeres: Jerónima de Burgos, Lucía de

Salcedo y Marta Nevares (Amarilis o Marcia Leonarda), otra mujer casada de la que se enamora profundamente y con la que convivirá, cuidándola —ciega y demente— en los últimos diez años de su vida. Tres años después de ella, fallecerá Lope de Vega en su ciudad natal, Madrid, donde gozaba de una inmensa popularidad. El pueblo, que le consideraba su poeta, le quería.

Esto es tan sólo un breve esbozo sentimental, ya que resulta imposible sintetizar una personalidad semejante: a los doce años, por ejemplo, escribió su primera obra de teatro; a los veintiuno se alistó en la expedición para conquistar las Azores; a los veintiséis años formó parte de la Armada Invencible, y en el barco, mientras preparaban la invasión de Inglaterra, compuso La hermosura de Angélica...

Su producción poética es amplia, variada y muy valiosa. Se inicia la selección con varios sonetos sobre un tema que conocía muy bien —la mujer— y se cierra con un estremecedor soneto sobre los efectos del tiempo, preocupación central del Barroco.


ES LA MUJER DEL HOMBRE LO MÁS BUENO...

Es la mujer del hombre lo más bueno,
y locura decir que lo más malo,
su vida suele ser y su regalo,
su muerte suele ser y su veneno.

Cielo a los ojos, cándido y sereno,
que muchas veces al infierno igualo,
por raro al mundo su valor señalo,
por falso al hombre su rigor condeno.

Ella nos da su sangre, ella nos cría,
no ha hecho el cielo cosa más ingrata:
es un ángel, y a veces una arpía.

Quiere, aborrece, trata bien, maltrata,
y es la mujer al fin como sangría,
que a veces da salud, y a veces mata.


## IR Y QUEDARSE, Y CON QUEDAR PARTIRSE…

Ir y quedarse, y con quedar partirse;
partir sin alma, e ir con alma ajena;
oír la dulce voz de una sirena
y no poder del árbol desasirse;

arder como la vela y consumirse,
haciendo torres sobre tierna arena;
caer de un cielo, y ser demonio en pena,
y de serio jamás arrepentirse;

hablar entre las mudas soledades;
pedir prestada, sobre fe, paciencia,
y lo que es temporal llamar eterno;

creer sospechas y negar verdades,
es lo que llaman en el mundo ausencia,
fuego en el alma, y en la vida infierno.


## DESMAYARSE, ATREVERSE, ESTAR FURIOSO…

Desmayarse, atreverse, estar furioso,
áspero, tierno, liberal, esquivo,
alentado, mortal, difunto, vivo,
leal, traidor, cobarde y animoso;

no hallar fuera del bien centro y reposo,
mostrarse alegre, triste, humilde, altivo,
enojado, valiente, fugitivo,
satisfecho, ofendido, receloso;

huir el rostro al claro desengaño,
beber veneno por licor süave,
olvidar el provecho, amar el daño;

creer que un cielo en un infierno cabe,
dar la vida y el alma a un desengaño;
esto es amor, quien lo probó lo sabe.


CANCIÓN

¡Hola!, que me lleva la ola;
¡hola!, que me lleva la mar.

¡Hola!, que llevarme dejo
sin orden y sin consejo,
y que del cielo me alejo,
donde no puedo llegar.

¡Hola!, que me lleva la ola;
¡Hola!, que me lleva la mar.


BLANCAS COGE LUCINDA...

Blancas coge Lucinda
las azucenas,
y en llegando a sus manos
parecen negras.

Cuando sale el alba,
Lucinda bella,
sale más hermosa,
la tierra alegra.

Con su sol enjuga
sus blancas perlas;

si una flor le quita
dos mil engendra,

porque son sus plantas
de primavera,
y como cristales
sus manos bellas.

Y ansí, con ser blancas
las azucenas,
en llegando a sus manos
parecen negras.


## SONETO AL SONETO

Un soneto me manda hacer Violante
que en mi vida me he visto en tanto aprieto;
catorce versos dicen que es soneto;
burla burlando van los tres delante.

Yo pensé que no hallara consonante,
y estoy a la mitad de otro cuarteto;
mas si me veo en el primer terceto,
no hay cosa en los cuartetos que me espante.

Por el primer terceto voy entrando,
y parece que entré con pie derecho,
pues fin con este verso le voy dando.

Ya estoy en el segundo, y aun sospecho
que voy los trece versos acabando;
contad si son catorce, y está hecho.

# LAS PAJAS DEL PESEBRE…

Las pajas del pesebre,
niño de Belén,
hoy son flores y rosas,
mañana serán hiel.

Lloráis entre las pajas
de frío que tenéis,
hermoso niño mío,
y de calor también.

Dormid, cordero santo,
mi vida, no lloréis,
que si os escucha el lobo,
vendrá por vos, mi bien.

Dormid entre las pajas,
que aunque frías las veis,
hoy son flores y rosas,
mañana serán hiel.

Las que para abrigaros
tan blandas hoy se ven
serán mañana espinas
en corona cruel.

Mas no quiero deciros,
aunque vos lo sabéis,
palabras de pesar
en días de placer.

Que aunque tan grandes deudas
en paja cobréis,
hoy son flores y rosas,
mañana serán hiel.

Dejad el tierno llanto,
divino Emanüel,
que perlas entre pajas
se pierden sin por qué.

No piense vuestra madre
que ya Jerusalén
previene sus dolores,
y llore con José.

Que aunque pajas no sean
corona para Rey,
hoy son flores y rosas,
mañana serán hiel.


NO SABE QUÉ ES AMOR QUIEN NO TE AMA…

No sabe qué es amor quien no te ama,
celestial hermosura, esposo bello,
tu cabeza es de oro, y tu cabello
como el cogollo que la palma enrama.

Tu boca como lirio, que derrama
licor al alba; de marfil tu cuello;
tu mano el torno y en su palma el sello
que el alma por disfraz jacintos llama.

¡Ay Dios!, ¿en qué pensé cuando, dejando
tanta belleza y las mortales viendo,
perdí lo que pudiera estar gozando?

Mas si del tiempo que perdí me ofendo,
tal prisa me daré, que una hora amando
venza los años que pasé fingiendo.

# A UNA CALAVERA

Esta cabeza, cuando viva, tuvo
sobre la arquitectura destos huesos
carne y cabellos, por quien fueron presos
los ojos que, mirándola, detuvo.

Aquí la rosa de la boca estuvo,
marchita ya con tan helados besos;
aquí los ojos de esmeralda impresos,
color que tantas almas entretuvo.

Aquí la estimativa que tenía
el principio de todo el movimiento,
aquí de las potencias la armonía.

¡Oh hermosura mortal, cometa al viento!,
¿donde tan alta presunción vivía
desprecian los gusanos aposento?

# FRANCISCO DE QUEVEDO
## (1580-1645)

Nació en Madrid y desde niño vivió el ambiente de la corte, ya que su madre fue dama de la reina Ana de Austria, y su padre secretario de la misma. Estudió en los jesuitas y después lenguas clásicas y teología, en Alcalá y Valladolid. Muy pronto destacó, como poeta, en la corte y en seguida surge su enfrentamiento con Góngora, a quien atacaría —hasta el insulto más exagerado— en sus poemas. Sus ansias nobiliarias lo llevarán a pleitear toda su vida por un señorío. En 1613 empieza su etapa política, que tantos problemas le ocasionará. Se traslada a Napóles, como secretario del duque de Osuna, pero la caída de este, arrastra a Quevedo, que es desterrado en la Torre de Juan de Abad, donde escribirá parte de su obra. Se casa con Esperanza de Mendoza, pero su matrimonio apenas dura unos meses. Es encarcelado durante cuatro años en San Marcos de León, posiblemente por unos poemas satíricos contra el conde-duque de Olivares. Salió de prisión enfermo y murió al año siguiente, derrotado y desencantado del mundo. Sus poesías se publicaron tras su muerte, en 1648.

Quevedo es uno de los grandes poetas universales. Tocó todos los temas y en todos los tonos: la sátira chocarrera e insultante, el soneto amoroso, la letrilla popular, los poemas moralistas y religiosos... Fue un poeta ingenioso, profundo y siempre lleno de intensidad, con una enorme fuerza expresiva. Sus obra poética comprende 875 poemas originales. En la selección que aquí presentamos hay, al menos, dos sonetos sublimes, y otros dos especialmente crueles.

## DEFINICIÓN DEL AMOR

Es yelo abrasador, es fuego helado,
es herida que duele y no se siente,
es un soñado bien, un mal presente,
es un breve descanso muy cansado;

es un descuido que nos da cuidado,
un cobarde, con nombre de valiente,
un andar solitario entre la gente,
un amar solamente ser amado;

es una libertad encarcelada,
que dura hasta el postrero parasismo;
enfermedad que crece si es curada.

Este es el niño Amor, este es su abismo.
¡Mirad cuál amistad tendrá con nada
el que en todo es contrario de sí mismo!


## SONETO AMOROSO

Osar, temer, amar y aborrecerse,
alegre con la gloria atormentarse;
de olvidar los trabajos olvidarse;
entre llamas arder, sin encenderse;

con soledad entre las gentes verse,
y de la soledad acompañarse;
morir continuamente; no acabarse;
perderse, por hallar con qué perderse;

ser Fúcar de esperanzas sin ventura,
gastar todo el caudal en sufrimiento[s],
con cera conquistar la piedra dura,

son efectos de Amor en mis lamentos;
nadie le llame dios, que es gran locura:
que más son de verdugo sus tormentos.


AMOR CONSTANTE MÁS ALLÁ DE LA MUERTE

Cerrar podrá mis ojos la postrera
sombra que me llevare el blanco día,
y podrá desatar esta alma mía
hora a su afán ansioso lisonjera;

mas no, de esotra parte, en la ribera,
dejará la memoria, en donde ardía:
nadar sabe mi llama la agua fría,
y perder el respeto a ley severa.

Alma a quien todo un dios prisión ha sido,
venas que humor a tanto fuego han dado,
medulas que han gloriosamente ardido,

su cuerpo dejará, no su cuidado;
serán ceniza, mas tendrá sentido;
polvo serán, mas polvo enamorado.


DE LA BREVEDAD DE LA VIDA

«¡Ah de la vida!»... ¿Nadie me responde?
¡Aquí de los antaños que he vivido!
La Fortuna mis tiempos ha mordido;
las Horas mi locura las esconde.

¡Que sin poder saber cómo ni adónde
la salud y la edad se hayan huido!
Falta la vida, asiste lo vivido,
y no hay calamidad que no me ronde.

Ayer se fue; mañana no ha llegado;
hoy se está yendo sin parar un punto:
soy un fue, y un será, y un es cansado.

En el hoy y mañana y ayer, junto
pañales y mortaja, y he quedado
presentes sucesiones de difunto.


### LOS NADADORES

El que cumple lo que manda,
anda, anda, anda, anda.

Quien de ordinario socorre,
corre, corre, corre, corre.

El que regala y no cela,
vuela, vuela, vuela, vuela.

Quien guarda, cela y enfada,
nada, nada, nada, nada. [...]


### CUANDO TU MADRE TE PARIÓ CORNUDO...

Cuando tu madre te parió cornudo,
fue tu planeta un cuerno de la luna;
de madera de cuernos fue tu cuna,
y el castillejo un cuerno muy agudo.

Gastaste en dijes cuernos a menudo;
la leche que mamaste era cabruna;
diote un cuerno por armas la Fortuna
y un toro en el remate de tu escudo.

Hecho un corral de cuernos te contemplo;
cuernos pisas con pies de cornería;
a la mañana un cuerno te saluda.

Los cornudos en ti tienen un templo.
Pues, cornudo de ti, ¿dónde caminas
siguiéndote una estrella tan cornuda?


DESENGAÑO DE LAS MUJERES

Puto es el hombre que de putas fía,
y puto el que sus gustos apetece;
puto es el estipendio que se ofrece
en pago de su puta compañía.

Puto es el gusto, y puta la alegría
que el rato putaril nos encarece;
y yo diré que es puto a quien parece
que no sois puta vos, señora mía.

Mas llámenme a mí puto enamorado,
si al cabo para puta no os dejare;
y como puto muera yo quemado,

si de otras tales putas me pagare;
porque las putas graves son costosas,
y las putillas viles, afrentosas.


MUESTRA LO QUE ES UNA MUJER DESPRECIADA

Disparado esmeril, toro herido;
fuego que libremente se ha soltado,
osa que los hijuelos le han robado,
rayo de pardas nubes escupido;

serpiente o áspid con el pie oprimido,
león que las prisiones ha quebrado,
caballo volador desenfrenado,
águila que le tocan a su nido,

117

espada que la rige loca mano,
pedernal sacudido del acero,
pólvora a quien llegó encendida mecha;

villano rico con poder tirano,
víbora, cocodrilo, caimán fiero
es la mujer si el hombre la desecha.


MIRÉ LOS MUROS DE LA PATRIA MÍA...

Miré los muros de la patria mía,
si un tiempo fuertes, ya desmoronados,
de la carrera de la edad cansados,
por quien caduca ya su valentía.

Salíme al campo, vi que el sol bebía
los arroyos del yelo desatados,
y del monte quejosos los ganados,
que con sombras hurtó su luz al día.

Entré en mi casa; vi que, amancillada,
de anciana habitación era despojos;
mi báculo, más corvo y menos fuerte;

vencida de la edad sentí mi espada.
Y no hallé cosa en que poner los ojos
que no fuese recuerdo de la muerte.


DESPUÉS DE TANTOS RATOS MAL GASTADOS...

Después de tantos ratos mal gastados,
tantas obscuras noches mal dormidas;
después de tantas quejas repetidas,
tantos suspiros tristes derramados;

después de tantos gustos mal logrados
y tantas justas penas merecidas;
después de tantas lágrimas perdidas
y tantos pasos sin concierto dados,

sólo se queda entre las manos mías
de un engaño tan vil conocimiento,
acompañado de esperanzas frías.

Y vengo a conocer que, en el contento
del mundo, compra el alma en tales días,
con gran trabajo, su arrepentimiento.


AMOR ME TUVO ALEGRE EL PENSAMIENTO...

Amor me tuvo alegre el pensamiento,
y en el tormento, lleno de esperanza,
cargándome con vana confianza
los ojos claros del entendimiento.

Ya del error pasado me arrepiento;
pues cuando llegue al puerto con bonanza,
de cuanta gloria y bienaventuranza
el mundo puede darme, toda es viento.

Corrido estoy de los pasados años,
que reducir pudiera a mejor uso
buscando paz, y no siguiendo engaños.

Y así, mi Dios, a Ti vuelvo confuso,
cierto que has de librarme destos daños:
pues conozco mi culpa y no la excuso.

# CALDERÓN DE LA BARCA
## (1600-1681)

*Es el gran dramaturgo —junto con Lope de Vega—*
*de los siglos de oro y uno de los autores españoles que se*
*siguen representando en todo el mundo. De familia aco-*
*modada, nació en Madrid, estudió con los jesuitas y en*
*las universidades de Alcalá y Salamanca. Tuvo en segui-*
*da éxito, y el rey le encargó el teatro de palacio al morir*
*Lope. Poco a poco abandona el mundanal ruido de la*
*corte para retirarse a Toledo, donde se ordenará sacerdo-*
*te. Calderón fue exclusivamente un autor teatral. Los*
*poemas aquí elegidos están sacados de sus obras teatra-*
*les: el soneto, que muestra la brevedad de la vida, perte-*
*nece a* El príncipe constante *y el resto, a* La vida es sueño.
*El monólogo de Segismundo —«¿Qué es la vida?...»—*
*forma ya parte de nuestra cultura general y de las con-*
*versaciones más o menos cotidianas.*

### CUENTAN DE UN SABIO QUE UN DÍA...

Cuentan de un sabio que un día
tan pobre y mísero estaba,
que sólo se sustentaba
de unas yerbas que cogía.
«Habrá otro —entre sí decía—
más pobre y triste que yo?»
Y cuando el rostro volvió,
halló la respuesta, viendo
que otro sabio iba cogiendo
las hojas que él arrojó.

## ¡AY MÍSERO DE MÍ!...

¡Ay mísero de mí! ¡Ay infelice!
Apurar, cielos, pretendo,
ya que me tratáis así,
qué delito cometí
contra vosotros naciendo;
aunque si nací ya entiendo
qué delito he cometido.
Bastante causa ha tenido
vuestra justicia y rigor;
pues el delito mayor
del hombre es haber nacido.

Sólo quisiera saber,
para apurar mis desvelos
(dejando a una parte, cielos,
el delito de nacer),
qué más os pude ofender,
para castigarme más.
¿No nacieron los demás?
Pues si los demás nacieron
¿qué privilegios tuvieron
que yo no gocé jamás?

Nace el ave, y con las galas
que le dan belleza suma,
apenas es flor de pluma
o ramillete con alas,
cuando las etéreas alas
corta con velocidad,
negándose a la piedad
del nido que deja en calma:
¿y teniendo yo más alma
tengo menos libertad?

Nace el bruto, y con la piel
que dibujan manchas bellas,
apenas signo es de estrellas
gracias al docto pincel,
cuando, atrevido y cruel,
la humana necesidad
le enseña a tener crueldad,
monstruo de su laberinto:
¿y yo, con mejor instinto,
tengo menos libertad?

Nace el pez, que no respira,
aborto de ovas y lamas,
y apenas, bajel de escamas,
sobre las ondas se mira,
cuando a todas partes gira,
midiendo la inmensidad
de tanta capacidad
como le da el centro frío:
¿y yo, con más albedrío,
tengo menos libertad?

Nace el arroyo, culebra
que entre flores se desata,
y apenas, sierpe de plata,
entre las flores se quiebra,
cuando músico celebra
de los cielos la piedad
que le da la majestad,
el campo abierto a su ida:
¿y teniendo yo más vida
tengo menos libertad?

En llegando a esta pasión,
un volcán, un Etna hecho,
quisiera sacar del pecho
pedazos del corazón.

¿Qué ley, justicia o razón
negar a los hombres sabe
privilegio tan süave,
excepción tan principal,
que Dios le ha dada a un cristal,
a un pez, a un bruto y a un ave?


## ES VERDAD; PUES REPRIMAMOS…


Es verdad; pues reprimamos
esta fiera condición,
esta furia, esta ambición,
por si alguna vez soñamos.
Y sí haremos, puesta estamos
en mundo tan singular,
que el vivir sólo es soñar;
y la experiencia me enseña,
que el hombre que vive sueña
lo que es hasta despertar.

Sueña el rey que es rey, y vive
con este engaño mandando,
disponiendo y ordenando;
y este aplauso, que recibe
prestado, en el viento escribe,
y en cenizas le convierte
la muerte (¡desdicha fuerte!);
¡que hay quien intente reinar,
viendo que ha de despertar
en el sueño de la muerte!

Sueña el rico en su riqueza
que más cuidados le ofrece;
sueña el pobre que padece
su miseria y su pobreza;

sueña el que a medrar empieza,
sueña el que afana y pretende,
sueña el que agravia y ofende;
y en el mundo, en conclusión,
todos sueñan lo que son,
aunque ninguno lo entiende.

Yo sueño que estoy aquí,
de estas prisiones cargado,
y soñé que en otro estado
más lisonjero me vi.
¿Qué es la vida? Un frenesí.
¿Qué es la vida? Una ilusión,
una sombra, una ficción,
y el mayor bien es pequeño;
que toda la vida es sueño,
y los sueños, sueños son.


ESTAS QUE FUERON POMPA Y ALEGRÍA...

Estas que fueron pompa y alegría,
despertando al albor de la mañana,
a la tarde serán lástima vana,
durmiendo en brazos de la noche fría.

Este matiz que al cielo desafía,
iris listado de oro, nieve y grana,
será escarmiento de la vida humana:
¡tanto se emprende en término de un día!

A florecer las rosas madrugaron,
y para envejecerse florecieron;
cuna y sepulcro en un botón hallaron.

Tales los hombres sus fortunas vieron:
en un día nacieron y expiraron;
que, pasados los siglos, horas fueron.

# Sor Juana Inés de la Cruz
## (1651-1695)

*Nacida en México, hija ilegítima de un capitán espa-
ñol y una criolla, fue una mujer excepcional, cuyos saberes se convirtieron en leyenda. Muy atractiva, fue preten-
dida por los jóvenes nobles mexicanos. La muerte de su
gran amor la empujó a meterse monja, primero en la orden carmelita y luego en las jerónimas. Publicó sus primeros poemas en Madrid. En sus últimos años llevó una
vida austera y quemó parte de sus obras. Aun así, la producción poética que de ella conservamos sigue siendo
notable. Sor Juana Inés representa la última gran poesía del Barroco. Excelentes sonetos y unos cuartetos
—«Hombres necios...»— que, cuatrocientos años después,
siguen siendo reconocibles, perfectamente actuales.*

### EN EL QUE CENSURA A UNA ROSA
### Y A SUS SEMEJANTES

Rosa divina que en gentil cultura
eres, con tu fragante sutileza,
magisterio purpúreo en la belleza,
enseñanza nevada a la hermosura.

Amago de la humana arquitectura,
ejemplo de la vana gentileza,
en cuyo ser unió naturaleza
la cuna alegre y triste sepultura.

¡Cuán altiva en tu pompa, presumida,
soberbia, el riesgo de morir desdeñas,
y luego desmayada y encogida

de tu caduco ser das mustias señas,
con que con docta muerte y necia vida,
viviendo engañas y muriendo enseñas!


HOMBRES NECIOS QUE ACUSÁIS…

Hombres necios, que acusáis
a la mujer sin razón,
sin ver que sois la ocasión
de lo mismo que culpáis:
si con ansia sin igual
solicitáis su desdén,
¿por qué queréis que obren bien
si las incitáis al mal?
Combatís su resistencia
y luego, con gravedad,
decís que fue liviandad
lo que hizo la diligencia. […]

Con el favor y el desdén
tenéis condición igual,
quejándoos, si os tratan mal,
burlándoos, si os quieren bien.
Opinión, ninguna gana;
pues la que más se recata,
si no os admite, es ingrata,
y si os admite, es liviana.

Siempre tan necios andáis
que, con desigual nivel,
a una culpáis por crüel
y a otra por fácil culpáis.
¿Pues cómo ha de estar templada
la que vuestro amor pretende,
si la que es ingrata, ofende,
y la que es fácil, enfada?

126

Mas, entre el enfado y pena
que vuestro gusto refiere,
bien haya la que no os quiere
y quejaos en hora buena.
Dan vuestras amantes penas
a sus libertades alas,
y después de hacerlas malas
las queréis hallar muy buenas.

¿Cuál mayor culpa ha tenido
en una ocasión errada:
la que cae de rogada,
o el que ruega de caído?
¿O cuál es más de culpar,
aunque cualquiera mal haga:
la que peca por la paga,
o el que paga por pecar?

Pues ¿para qué os espantáis
de la culpa que tenéis?
Queredlas cual las hacéis
o hacedlas cual las buscáis.
Dejad de solicitar,
y después, con más razón,
acusaréis la afición
de la que os fuere a rogar.

Bien con muchas armas fundo
que lidia vuestra arrogancia,
pues en promesa e instancia
juntáis diablo, carne y mundo.


ESTA TARDE, MI BIEN, CUANTO TE HABLABA…

Esta tarde, mi bien, cuanto te hablaba,
como en tu rostro y tus acciones vía

que con palabras no te persuadía,
que el corazón me vieses deseaba;

y Amor, que mis intentos ayudaba,
venció lo que imposible parecía:
pues entre el llanto, que el dolor vertía,
el corazón deshecho destilaba.

Baste ya de rigores, mi bien, baste;
no te atormenten más celos tiranos,
ni el vil recelo tu quietud contraste

con sombras necias, con indicios vanos,
pues ya en líquido humor viste y tocaste
mi corazón deshecho entre tus manos.


### A MARÍA SANTÍSIMA

Hoy, Virgen bella, ha querido
a vuestros pies mi afición
ofrecer el mismo don
que de Vos he recibido.

Dadle, Señora, la mano:
pues si bien se considera,
aunque es la ofrenda grosera,
el afecto es cortesano.

El talento que he tenido,
traigo: recibid de grado
esto poco que he logrado,
y perdonad lo perdido.

En Vos, no en mí, acertar fío:
con que a todo el mundo muestro
que si hay algo bueno, es vuestro,
y todo lo malo es mío.

128

# ANÓNIMO

## SONETO A JESÚS CRUCIFICADO

No me mueve, mi Dios, para quererte
el cielo que me tienes prometido,
ni me mueve el infierno tan temido
para dejar por eso de ofenderte.

Tú me mueves, Señor, muéveme el verte
clavado en una cruz y escarnecido,
muéveme ver tu cuerpo tan herido,
muévenme tus afrentas y tu muerte.

Muéveme, en fin, tu amor, y en tal manera,
que aunque no hubiera cielo, yo te amara,
y aunque no hubiera infierno, te temiera.

No me tienes que dar porque te quiera,
pues aunque lo que espero no esperara,
lo mismo que te quiero te quisiera.

# III
# Neoclasicismo y Romanticismo:
## Razón y Corazón
### (siglos XVIII y XIX)

AGOTADOS los siglos de Oro de la literatura española, y tras la proliferación y la brillantez del Barroco, la poesía atravesará una etapa radicalmente distinta, de acuerdo con las tendencias de los nuevos tiempos: el siglo XVIII o la Ilustración. Esta es una época crítica, destinada a la transformación de ideas, instituciones y creencias; es la Edad de la Razón o el Siglo de las Luces, y las luces son la inteligencia, la ciencia, la educación, el buen gusto, el orden económico y social...

La poesía, que en el Barroco alcanza su cumbre, llega aquí al punto más bajo de su historia. Desde el postbarroquismo al neorromanticismo, el neoclasicismo es la tendencia dominante en este siglo, cuyo poeta más representativo, Meléndez Valdés, resulta hoy muy lejano para nuestros gustos; y los más populares, los fabulistas Iriarte y Samaniego, no dejan de ser dignos versificadores. Y es que, curiosamente, las obras de mayor valor literario de este siglo poco tienen que ver con lo que se entiende por literatura, y bien pueden ser ensayos sobre medicina o costumbres populares o el *Informe sobre la Ley Agraria* de Jovellanos.

No se crea, sin embargo, que la poesía desapareció en este período. Al contrario, florecieron los poetas, y todos los intelectuales de mayor o menor peso escribían versos, que, circulaban, como una moda, por los salones; pero son versos muy al gusto de la época: anacreónticas que ensalzan vivir al día, pero miran hacia la antigüedad grecorromana; pastoriles, idílicas historias en la naturaleza; odas filosóficas o versos de circunstancias... Todos estos poemas envejecieron rápidamente.

Es extraño hallar a un escritor puro en esta época. La literatura estaba muy ligada a la política, la economía, y las

133

instituciones. Por otra parte, los poetas —y también el país— estaban divididos por sus ideas entre los tradicionales y los ilustrados; estos últimos, partidarios de grandes reformas políticas y sociales.

El siglo concluye con la Revolución francesa. Y tras la llegada de Napoléon, el panorama español, tanto político como literario se transformará; pero no será un cambio radical. Entre la poesía neoclásica y la romántica existe un período de transición, donde se puede apreciar que algunos poetas representativos de la Ilustración —Cadalso, Quintana— tienen rasgos románticos.

El Romanticismo en España fue un movimiento menor comparado con otros países europeos. Se inició tarde —sobre 1835— y apenas si duró dos décadas. La contemplación del paisaje, la vuelta a la Edad Media, los héroes, el amor —entendido como pasión o sueño imposible—, la muerte, la defensa de la libertad individual y el subjetivismo son rasgos plenamente románticos, que de modo parcial se conservarán en los movimientos posteriores. En estos años sobresalen dos poetas de raza, en cuya obra se mezclan vida y poesía: Espronceda y Zorrilla.

La segunda mitad del siglo XIX es una época en la que se vuelve a la razón por encima del corazón. Está dominada por dos poetas que también tuvieron gran prestigio y popularidad en su tiempo: Núñez de Arce, que hoy resulta insoportable, y Ramón de Campoamor; ambos son los máximos representantes del realismo impuro de este período extraño en el que floreció una segunda generación de poetas románticos, que son los que mejor reflejan la esencia —no el brillo, el oropel— del verdadero movimiento romántico. Sus figuras más destacadas son Rosalía de Castro y, sobre todo, Bécquer, quien ha ejercido una enorme influencia en la lírica posterior. Pero el grupo becqueriano no surge en el vacío. Años atrás una serie de poetas románticos menores cultivó también una vena intimista, claro antecedente —junto con los poemas del alemán Heine— de las famosas *Rimas*.

# ANÓNIMO

## MAGNOS PROBLEMAS

No te inquieten los enigmas
del Universo,
ni te afanes y te ocupes
en resolverlos:
de la tierra para arriba,
todo es misterio;
del planeta para abajo,
nada sabemos.
(Si no hay abajo ni arriba,
no existe centro:
Eternidad, Infinito,
y Nada en medio.)

¿Dónde vas? ¿De dónde vienes?
¡Magno secreto!
¿Es Dios quien nos da la vida
que padecemos?
¿Es Él la Naturaleza?
¡Arcano inmenso!
¿Es una sustancia abstracta,
o un Ser concreto?
¿Es la causa de las causas,
o es un efecto?
¿Fue creada la gallina
antes que el huevo?...

¡No toques tales problemas;
déjalos quietos!
¡Para cosas tan grandes,
eres pequeño!
De nada sirve la audacia
del pensamiento.

La vida dura muy poco:
no tendrás tiempo
de averiguar lo que sea
esto ni aquello...
¡¡Ya te lo dará la muerte
todo resuelto!!

# Nicolás Fernández de Moratín
## (1737-1780)

*Nacido en Madrid, fue un gran defensor de la estética neoclásica, y es uno de los escasos autores de ese siglo al que se le puede considerar un literato puro. Reunió a su alrededor a los intelectuales de la época en su tertulia madrileña de la Fonda de San Sebastián, que marcó la moda literaria del país. Sus comensales sólo podían hablar de «teatro, toros, amores y versos». Mejor poeta que dramaturgo, escribió una largo poema sobre los bajos fondos de Madrid, que es un ataque a la moral convencional,* El arte de las putas, *prohibido por la Inquisición, y en el que probablemente se inspiró Goya para sus* Caprichos.

SABER SIN ESTUDIAR

Admiróse un portugués
de ver que en su tierna infancia
todos los niños en Francia
supiesen hablar francés.
«Arte diabólica es»,
dijo, torciendo el mostacho,
«que para hablar en gabacho,
un fidalgo en Portugal
llega a viejo, y lo habla mal;
y aquí lo parla un muchacho».

# FÉLIX MARÍA SAMANIEGO
## (1745-1801)

De noble familia vasca, nació en La Guardia (La Rioja) y viajó por Francia durante su juventud. Su tío, el conde de Peñaflorida, fundó la Sociedad Vascongada de Amigos del País, la primera sociedad económica de España. Para la educación de los alumnos del seminario que esta Sociedad mantenía en Vergara escribió sus Fábulas Morales, que no son originales, sino que se inspiran en temas de Esopo, Fedro y, sobre todo, La Fontaine. La Inquisición le procesó en 1793 por poesías y prosas obscenas que no publicó, y que se recogieron, más de cien años después, bajo el título El jardín de Venus.

### LAS MOSCAS

A un panal de rica miel
dos mil moscas acudieron,
que, por golosas, murieron
presas de patas en él.
Otra dentro de un pastel
enterró su golosina.
Así, si bien se examina,
los humanos corazones
perecen en las prisiones
del vicio que los domina.

### LA ALFORJA

En una alforja al hombro
llevo los vicios:

los ajenos delante,
detrás, los míos.

Esto hacen todos;
así ven los ajenos,
mas no los propios.


EL HOMBRE Y LA CULEBRA

A una Culebra que, de frío yerta,
en el suelo yacía medio muerta
un labrador cogió; mas fue tan bueno,
que incautamente la abrigó en su seno.
Apenas revivió, cuando la ingrata
a su gran bienhechor traidora mata.

# Tomás de Iriarte
## (1750-1791)

*Nacido en el Puerto de la Cruz (Tenerife) fue drama-
turgo y erudito, uno de los intelectuales más influyentes
de la época, y miembro de la tertulia madrileña de la
Fonda de San Sebastián, Violinista y compositor, escribió un largo poema didáctico* —muy de moda en
Europa— La música, *donde enseñaba la técnica musical.
Publicó* Fábulas literarias *un año después de Samaniego,
señalando en el prólogo el haber sido el primero en escribir fábulas «enteramente originales».*

EL BURRO FLAUTISTA

Esta fabulilla,
salga bien o mal,
me ha ocurrido ahora
por casualidad.

Cerca de unos prados
que hay en mi lugar,
pasaba un borrico
por casualidad.

Una flauta en ellos
halló, que un zagal
se dejó olvidada
por casualidad.

Acercóse a olerla
el dicho animal,
y dio un resoplido
por casualidad.

En la flauta el aire
se hubo de colar,
y sonó la flauta
por casualidad.

«¡Oh!» dijo el borrico;
«¡qué bien sé tocar!
¡Y dirán que es mala
la música asnal!»

Sin reglas del arte,
borriquitos hay
que una vez aciertan
por casualidad.


UN CABALLERITO DE ESTOS TIEMPOS

Levántome a las mil, como quien soy.
Me lavo. Que me vengan a afeitar.
Traigan el chocolate, y a peinar.
Un libro... Ya leí. Basta por hoy.

Si me buscan, que digan que no estoy.
Polvos... Venga el vestido verdemar
¿Si estará ya la misa en el altar?
¿Han puesto la berlina? Pues me voy.

Hice ya tres visitas. A comer...
Traigan barajas. Ya jugué. Perdí.
Pongan el tiro. Al campo, y a correr...

Ya doña Eulalia esperará por mí.
Dio la una. A cenar, y a recoger...
«¿Y es este un racional?» «Dicen que sí.»

# JOSÉ DE CADALSO
## (1741-1782)

Nacido en Cádiz, fue militar de profesión y alcanzó
el grado de coronel, tras superar abundantes dificultades, ya que sus aficiones literarias le causaron problemas e incomprensión entre sus superiores. Elegante,
culto, amable, fue un hombre de bien, que influyó en
Jovellanos y Meléndez Valdés. Murió, alcanzado por
una granada inglesa, en el sitio del peñón de Gibraltar.
Se le considera el primer romántico español; no tanto
por su obra —Cartas marruecas, Los eruditos a la viole-
ta— como por su vida. Tal vez esta imagen se deba a la
leyenda de un Cadalso apasionado, intentando desen-
terrar el cuerpo de su amada, María Ignacia Ibáñez
(Filis en sus poemas), historia que reflejó en sus Noches
lúgubres. La mayoría de sus poemas siguen la estética
neoclásica de la época; pero no los que se incluyen
aquí, que son como un puente entre el pasado (la
«Letrilla» es una imitación y un homenaje al Quevedo
satírico) y el futuro, como se aprecia en ese soneto con
elementos románticos.


### LETRILLA SATÍRICA

Que dé la viuda un gemido
por la muerte del marido,
ya lo veo;
pero que ella no se ría
si otro se ofrece en el día,
no lo creo.

143

Que Cloris me diga a mí:
«Sólo he de quererte a ti»,
ya lo veo;
pero que siquiera a ciento
no haga el mismo cumplimiento,
no lo creo.

Que los maridos celosos
sean más guardias que esposos,
ya lo veo;
pero que estén las malvadas,
por más guardias, más guardadas,
no lo creo.

Que al ver de la boda el traje,
la doncella el rostro baje,
ya lo veo;
pero que al mismo momento
no levante el pensamiento,
no lo creo.

Que Celia tome el marido
por sus padres escogido,
ya lo veo;
pero que en el mismo instante
ella no escoja el amante,
no lo creo.

Que se ponga con primor
Flora en el pecho una flor,
ya lo veo;
pero que astucia no sea
para que otra flor se vea,
no lo creo.

Que en el templo de Cupido
el incienso es permitido,
ya lo veo;

pero que el incienso baste
sin que algún oro se gaste,
no lo creo.

Que el marido a su mujer
permita todo placer,
ya lo veo;
pero que tan ciego sea,
que lo que vemos no vea,
no lo creo.

Que al marido de su madre
todo niño llame padre,
ya lo veo;
pero que él, por más cariño,
pueda llamar hijo al niño,
no lo creo.

Que Quevedo criticó
con más sátira que yo,
ya lo veo;
pero que mi musa calle
porque más materia no halle,
no lo creo.


SOBRE EL PODER DEL TIEMPO

Todo lo muda el tiempo, Filis mía,
todo cede al rigor de sus guadañas;
ya transforma los valles en montañas,
ya pone un campo donde un mar había.

Él muda en noche opaca el claro día,
en fábulas pueriles las hazañas,
alcázares soberbios en cabañas,
y el juvenil ardor en vejez fría.

145

Doma el tiempo al caballo desbocado,
detiene al mar y viento enfurecido,
postra al león y rinde al bravo toro.

Sola una cosa al tiempo denodado
ni cederá, ni cede, ni ha cedido,
y es el constante amor con que te adoro.

# Juan Meléndez Valdés
## (1754-1817)

*Históricamente se le considera el poeta más destacado del siglo XVIII y el que mejor representa la estética y la ideología de la Ilustración. En su obra confluyen todas las tendencias: anacreónticas —que invitan a gozar de la vida—, canciones pastoriles, poemas amorosos, odas filosóficas y religiosas. Su égloga* Batilo, *insoportable para nuestro actual gusto, fue premiada por la Real Academia Española y le hizo famoso. Fue profesor de Humanidades en Salamanca y después magistrado. Apoyó a José Napoleón durante la guerra de la Independencia, y tuvo que emigrar a Francia —donde murió— tras la victoria española. La «exquisita elegancia rococó» de sus poesías amorosas, como se las definía, hoy nos resulta lejana: «¡Con que indecible gracia / tan varia como fácil, / el voluble abanico, / Dorila, llevar sabes!» El poema que aquí incluimos se hace eco de un tema muy propio del Renacimiento y el Barroco, que en ese siglo también será tratado: el* carpe diem *horaciano o goza del momento.*

A DORILA

¡Cómo se van las horas,
y tras ellas los días,
y los floridos años
de nuestra frágil vida!

La vejez luego viene,
del amor enemiga,
y entre fúnebres sombras
la muerte se avecina,

que escuálida y temblando,
fea, informe, amarilla,
nos aterra, y apaga
nuestros fuegos y dichas.

El cuerpo se entorpece,
los ayes nos fatigan,
nos huyen los placeres
y deja la alegría.

Si esto, pues, nos aguarda,
¿para qué, mi Dorila,
son los floridos años
de nuestra frágil vida?

Para juegos y bailes
y cantares y risas
nos los dieron los cielos,
las Gracias los destinan.

Ven, ¡ay! ¿qué te detienes?
Ven, ven, paloma mía,
debajo de estas parras,
do leve el viento aspira,

y entre brindis süaves
y mimosas delicias,
de la niñez gocemos,
pues vuela tan aprisa.

## DE LOS BESOS DE AMOR

Cuando mi blanda Nise
lasciva me rodea
con sus nevados brazos
y mil veces me besa,

cuando mi ardiente boca
su dulce labio aprieta,
tan del placer rendida
que casi a hablar no acierta,

y yo por alentarla
corro con mano inquieta
de su nevado vientre
las partes más secretas,

y ella entre dulces ayes
se mueve más y alterna
ternuras y suspiros
con balbuciente lengua,

ora *hijito* me llama,
ya que cese me ruega,
ya al besarme se muerde,
y moviéndose anhela,

entonces, ¡ay!, si alguno
contó del mar la arena,
cuente, cuente, las glorias
en que el amor me anega.

# JOSÉ DE ESPRONCEDA
## (1808-1842)

*El poeta prototipo del Romanticismo español, tuvo, como era de esperar, una vida plenamente romántica. Natural de Almendralejo (Badajoz), a los quince años fue procesado por fundar la sociedad secreta «Los numantinos», en contra del poder absolutista del rey. En su temprana reclusión compone su drama* Pelayo. *A los dieciocho años, para huir de las persecuciones políticas y conocer mundo, viaja a Lisboa. Al cruzar el río Tajo, arroja al agua las dos pesetas que llevaba «por no entrar en tan gran ciudad con tan poco dinero». Aquí conoce a Teresa Mancha, su gran amor, con la que se volverá a encontrar en Londres. Juntos vivirán una turbulenta y breve relación. Solitario, sigue viajando por Bélgica y Francia. En París participa en la revolución de 1830. Se apunta a una expedición de revolucionarios españoles. Gracias a una amnistía, regresa a Madrid y rapta a Teresa, que ya estaba casada. Conviven juntos unos años, hasta que ella, harta de la vida desordenada del poeta, le abandona, falleciendo poco después. La muerte de Teresa le sume en la desesperación. Cuando por fin consigue olvidar a su amada —tras sublimar su dolor en un largo poema—, la muerte le sorprende. Sus últimos años fueron una época más reposada, en la que estaba a punto de formar una familia estable y donde conoció el éxito literario y político.*

*Al margen de sus grandes poemas épicos,* El estudiante de Salamanca *y* El diablo mundo, *que incluye el «Canto a Teresa», lo mejor de su obra son sus poesías líricas, cuyos temas principales son el ansia de libertad, el amor fracasado y la felicidad imposible. Espronceda supo expresar con fuerza los sentimientos y las contradicciones de una época demasiado agitada. Su producción poética* es irregular, y tiene poemas —«*Vuela, gentil mariposa, ondea...*»— más próximos a la estética neoclásica que romántica, mostrando que no hubo una ruptura entre estos dos movimientos. Es autor de uno de los poemas más recitados de la literatura española —«*La canción del pirata*»—, que aquí incluimos, junto a un brevísimo fragmento de El estudiante de Salamanca, *ese canto tenebroso*, que es La desesperación, y un poema —«*A Jarifa...*»— sobre el pesar y desencanto que proporcionan los placeres, y que habla de las «*necias mujeres*», como si fuese una respuesta —exacerbada, atolondrada— a aquel «*Hombres necios...*» de Sor Juana Inés.


### HOJAS DEL ÁRBOL CAÍDAS...

Hojas del árbol caídas
juguetes del viento son:
las ilusiones perdidas
¡ay! son hojas desprendidas
del árbol del corazón.


### A JARIFA EN UNA ORGÍA

Trae, Jarifa, trae tu mano;
ven y pósala en mi frente,
que en un mar de lava ardiente
mi cabeza siento arder.
Ven y junta con mis labios
esos labios que me irritan,
donde aún los besos palpitan
de tus amantes de ayer.

¿Qué la virtud, la pureza?
¿Qué la verdad y el cariño?
Mentida ilusión de niño
que halagó mi juventud.

Dadme vino: en él se ahoguen
mis recuerdos; aturdida
sin sentir huya la vida;
paz me traiga el ataúd.

El sudor mi rostro quema,
y en ardiente sangre rojos
brillan inciertos mis ojos,
se me salta el corazón.
Huye, mujer, te detesto,
siento tu mano en la mía,
y tu mano siento fría,
y tus besos hielos son.

¡Siempre igual! Necias mujeres,
inventad otras caricias,
otro mundo de delicias,
o maldito sea el placer.
Vuestros besos son mentira,
mentira vuestra ternura.
Es fealdad vuestra hermosura,
vuestro gozo es padecer.

Yo quiero amor, quiero gloria,
quiero un deleite divino,
como en mi mente imagino,
como en el mundo no hay.
Y es la luz de aquel lucero
que engañó mi fantasía,
fuego fatuo, falso guía
que errante y ciego me tray. [...]

# LA CANCIÓN DEL PIRATA

Con diez cañones por banda,
viento en popa a toda vela,
no corta el mar, sino vuela,
un velero bergantín:
bajel pirata que llaman
por su bravura el Temido,
en todo el mar conocido
del uno al otro confín.

La luna en el mar riela,
en la lona gime el viento,
y alza en blando movimiento
olas de plata y azul;
y ve el capitán pirata,
cantando alegre en la popa,
Asia a un lado, al otro Europa,
y allá a su frente Estambul.

«Navega, velero mío
sin temor;
que ni enemigo navío,
ni tormenta, ni bonanza,
tu rumbo a torcer alcanza,
ni a sujetar tu valor.
Veinte presas
hemos hecho
a despecho
del inglés,
y han rendido
sus pendones
cien naciones
a mis pies.

Que es mi barco mi tesoro,
que es mi Dios la libertad,
mi ley la fuerza y el viento,
mi única patria la mar.

Allá muevan feroz guerra
ciegos reyes
por un palmo más de tierra;
que yo tengo aquí por mío
cuanto abarca el mar bravío,
a quien nadie impuso leyes.
Y no hay playa
sea cualquiera,
ni bandera
de esplendor
que no sienta
mi derecho
y dé pecho
a mi valor.
Que es mi barco mi tesoro...

A la voz de "¡Barco viene!"
es de ver
cómo vira y se previene
a todo trapo a escapar;
que yo soy el rey del mar,
y mi furia es de temer.
En las presas
yo divido
lo cogido
por igual;
sólo quiero
por riqueza
la belleza
sin rival.
Que es mi barco mi tesoro...

¡Sentenciado estoy a muerte!
Yo me río;
no me abandone la suerte
y al mismo que me condena
colgaré de alguna antena,
quizá en su propio navío.
Y si caigo,
¿qué es la vida?
Por perdida
ya la di,
cuando el yugo
del esclavo
como un bravo
sacudí.
Que es mi barco mi tesoro...

Son mi música mejor
aquilones;
el estrépito y temblor
de los cables sacudidos,
del negro mar los bramidos
y el rugir de mis cañones.
Y del trueno
al son violento
y del viento
al rebramar
yo me duermo
sosegado
arrullado
por el mar.
Que es mi barco mi tesoro,
que es mi Dios la libertad,
mi ley la fuerza y el viento,
mi única patria la mar.»

# LA DESESPERACIÓN
(Atribuida a José de Espronceda)

Me gusta ver el cielo
con negros nubarrones
y oír los aquilones
horrísonos bramar;
me gusta ver la noche
sin luna y sin estrellas,
y sólo las centellas
la tierra iluminar.

Me agrada un cementerio
de muertos bien relleno,
manando sangre y cieno
que impida el respirar;
y allí un sepulturero
de tétrica mirada
con mano despiadada
los cráneos machacar.

Me alegra ver la bomba
caer mansa del cielo,
e inmóvil en el suelo,
sin mecha al parecer,
y luego embravecida
que estalla y que se agita
y rayos mil vomita
y muertos por doquier.

Que el trueno me despierte
con su ronco estampido,
y al mundo adormecido
le haga estremecer;
que rayos cada instante
caigan sobre él sin cuento,
que se hunda el firmamento
me agrada mucho ver.

La llama de un incendio
que corra devorando
y muertos apilando
quisiera yo encender;
tostarse allí un anciano,
volverse todo tea,
oír cómo vocea,
¡qué gusto!, ¡qué placer!

Me gusta una campiña
de nieve tapizada,
de flores despojada,
sin fruto, sin verdor,
ni pájaros que canten,
ni sol haya que alumbre
y sólo se vislumbre
la muerte en derredor. [...]

Me gusta que al Averno
lleven a los mortales,
y allí todos los males
les hagan padecer;
les abran las entrañas,
les rasguen los tendones,
rompan los corazones
sin de ¡ayes! caso hacer. [...]

Me agradan las queridas
tendidas en los lechos,
sin chales en los pechos
y flojo el cinturón,
mostrando sus encantos,
sin orden el cabello,
al aire el muslo bello...
¡Qué gozo! ¡Qué ilusión!

# José Zorrilla
## (1817-1893)

*Una triste tarde de febrero, centenares de jóvenes siguen en silencio por las calles de Madrid el carro fúnebre que conduce el ataúd de Larra —una figura ya legendaria en su tiempo—. Al llegar al cementerio y finalizar el discurso oficial, un desconocido, como si apareciese del mismísimo sepulcro, surge de pronto, y mirando a la tumba y al cielo, empieza a recitar: «Ese vago clamor que rasga el viento...» Todos se estremecen. También el joven, que no puede proseguir, turbado; alguien le arranca el papel y continúa leyendo aquellos versos. Había nacido un poeta.*

*José Zorrilla, de veinte años, acababa de llegar de Valladolid, donde decidió dejar la casa paterna y sus estudios de leyes para dedicarse a la literatura. En poco tiempo se convertiría en el escritor más famoso de su tiempo. Influido por Espronceda y el duque de Rivas, tuvo una gran facilidad para versificar. Su obra poética es muy amplia y plenamente romántica. Sin embargo, Zorrilla alcanzó nombre universal por su drama* Don Juan Tenorio, *que todos los años se sigue representando en los escenarios españoles coincidiendo con el Día de Todos los Santos.*

*Fue el poeta nacional. A pesar de su fama —en México, donde permaneció diez años, fue amigo del emperador—, en su vida pasó de los homenajes multitudinarios a las penurias económicas, especialmente en los últimos años, cuando el furor romántico había pasado de moda. Así fue su vida: tuvo más éxito que nadie, y en su vejez conoció la pobreza y el olvido.*

*José Zorrilla es un poeta excesivo, pero siempre musical, capaz de grandes hallazgos y abundantes defectos. Se le compara con Lope por la facilidad que tuvo para versificar. Entre los poemas que aquí se incluyen, figura el can-*

*to funeral que le descubrió; un oriental muy del gusto de la época; un canto a la vida exasperada, un sorprendente soneto y dos fragmentos memorables de su drama* Don Juan Tenorio.

A LA MEMORIA DESGRACIADA DEL JOVEN
LITERATO MARIANO JOSÉ DE LARRA

Ese vago clamor que rasga el viento
es la voz funeral de una campana:
vano remedo del postrer lamento
de un cadáver sombrío y macilento
que en sucio polvo dormirá mañana.

Acabó su misión sobre la tierra,
y dejó su existencia carcomida,
como una virgen al placer perdida
cuelga el profano velo en el altar.

Miró en el tiempo el porvenir vacío,
vacío ya de ensueños y de gloria,
y se entregó a ese sueño sin memoria,
¡que nos lleva a otro mundo a despertar!

Era una flor que marchitó el estío,
era una fuente que agotó el verano:
ya no se siente su murmullo vano,
ya está quemado el tallo de la flor. [...]

ORIENTAL

Corriendo van por la vega
a las puertas de Granada
hasta cuarenta gomeles
y el capitán que los manda.

159

Al entrar en la ciudad,
parando su yegua blanca,
le dijo este a una mujer
que entre sus brazos lloraba:

«Enjuga el llanto, cristiana,
no me atormentes así,
que tengo yo, mi sultana,
un nuevo Edén para ti.

Tengo un palacio en Granada,
tengo jardines y flores,
tengo una fuente dorada
con más de cien surtidores.
Y en la vega del Genil
tengo parda fortaleza,
que será reina entre mil
cuando encierre tu belleza.
Y sobre toda una orilla
extiendo mi señorío;
ni en Córdoba ni en Sevilla
hay un parque como el mío.
Allí la altiva palmera
y el encendido granado,
junto a la frondosa higuera,
cubren el valle y collado.
Allí el robusto nogal,
allí el nópalo amarillo,
allí el sombrío moral
crecen al pie del castillo.
Y olmos tengo en mi alameda
que hasta el cielo se levantan,
y en redes de plata y seda
tengo pájaros que cantan.
Sultana serás si quieres,
que desiertos mis salones
está mi harén sin mujeres,

mis oídos sin canciones.
Yo te daré terciopelos
y perfumes orientales,
de Grecia te traeré velos,
y de Cachemira chales.

Yo te daré blancas plumas
para que adornes tu frente,
más blancas que las espumas
de nuestros mares de Oriente;
y perlas para el cabello,
y baños para el calor,
y collares para el cuello,
para los labios... ¡amor!»

«¿Qué me valen tus riquezas
—respondióle la cristiana—,
si me quitas a mi padre,
mis amigos y mis damas?
Vuélveme, vuélveme, moro,
a mi padre y a mi patria,
que mis torres de León
valen más que tu Granada.»

Escuchóla en paz el moro,
y manoseando su barba,
dijo, como quien medita,
en la mejilla una lágrima:

«Si tus castillos mejores
que nuestros jardines son,
y son más bellas tus flores,
por ser tuyas en León,
y tú diste tus amores
a alguno de tus guerreros,
hurí del Edén, no llores,
vete con tus caballeros.»

Y dándola su caballo
y la mitad de su guardia,
el capitán de los moros
volvió en silencio la espalda.


LA ORGÍA

La sombra nos cobija
con su tapiz de duelo:
cansado, ya del cielo
el sol se hundió en la mar.
El mundo duerme imbécil,
vacilan las estrellas:
en torno a las botellas
venid a delirar.

Venid, niñas sedientas
de libertad y amores
que fiestas y licores
dan libertad y amor.
Húmedos de esperanza
traed los ojos bellos,
sin trenzas los cabellos,
la frente sin rubor.

La vida es una farsa
hipócrita y demente,
y el mundo indiferente
se cansa del placer:
el mundo se ha dormido:
romped vuestros papeles,
dejad los oropeles
que vano os prestó ayer. […]

Los labios desfrenados,
la lengua desatada,

en larga carcajada
prorrumpen sin cesar.
La lumbre de los ojos
inquieta y licenciosa,
los ojos de una hermosa
se afana en reflejar.

Venid a los festines
avaras de placeres
que el cielo en las mujeres
atesoró el placer.
Venid, niñas, sin cuitas
desnudo el albo seno,
porque quiero el veneno
de vuestro amor beber.

Cuando la inquieta mente
con el vapor vacile
y revoltosa apile
fantasmas de vapor
veréis cómo, insensata,
el ánima delira
y voluptuosa aspira
el ámbar del amor. [...]

De cada ardiente beso
el lúbrico estallido
rasgará el sostenido
murmullo bacanal:
como reloj deshecho
que sin marcar las horas,
sacude las sonoras
campanas de metal.

El mundo duerme, niñas,
bebamos y cantemos,
que más no sacaremos

del mundo engañador:
húmedos de esperanza
traed los ojos bellos,
sin trenzas los cabellos,
la frente sin rubor.

Venid, y mal prendidos
los velos y los chales,
prodiguen liberales
la luz de vuestra tez:
los ondulantes rizos
flotando por la espalda,
la mal ceñida falda
mintiendo desnudez.

Y las de negros ojos
que ostenten su mirada
altiva, enamorada,
con infernal pasión,
y las rubias ostenten
sin máscaras de tules,
las pupilas azules,
y rojo el corazón.

La noche se desliza,
su llama el sol enciende,
el día nos sorprende,
va el mundo a despertar.
¡Cantemos y bebamos,
que cuando venga el día
el sueño de la orgía
lo volverá a apagar!

## A ESPAÑA ARTÍSTICA

Torpe, mezquina y miserable España:
cuyo suelo alfombrado de memorias
se va sorbiendo de sus propias glorias
lo poco que ha de cada ilustre hazaña,

traidor y amigo sin pudor te engaña,
se compran tus tesoros con escorias,
tus monumentos, ¡ay!, y tus historias
vendidos llevan a la tierra extraña.

¡Maldita seas, patria de valientes,
que por premio te das a quien más pueda
por no mover los brazos indolentes!

¡Sí, venid, ¡voto a Dios!, por lo que queda
extranjeros rapaces, que insolentes
habéis hecho de España una almoneda!


## ¿NO ES CIERTO, ÁNGEL DE AMOR?...

¡Ah! ¿No es cierto, ángel de amor,
que en esta apartada orilla
más pura la luna brilla
y se respira mejor?

Esta aura que vaga, llena
de los sencillos olores
de las campesinas flores
que brota esa orilla amena;
esa agua limpia y serena
que atraviesa sin temor
la barca del pescador
que espera cantando el día,
¿no es cierto, paloma mía,
que están respirando amor?

165

Esta armonía que el viento
recoge entre esos millares
de floridos olivares,
que agita con manso aliento;
ese dulcísimo acento
con que trina el ruiseñor,
de sus copas morador,
llamando al cercano día,
¿no es verdad, gacela mía,
que están respirando amor?

Y estas palabras que están
filtrando insensiblemente
tu corazón, ya pendiente
de los labios de don Juan,
y cuyas ideas van
inflamando en su interior
un fuego germinador
no encendido todavía,
¿no es verdad, estrella mía,
que están respirando amor?

Y esas dos líquidas perlas
que se desprenden tranquilas
de tus radiantes pupilas
convidándome a beberlas,
evaporarse, a no verlas,
de sí mismas al calor;
y ese encendido color
que en tu semblante no había,
¿no es verdad, hermosa mía,
que están respirando amor?

¡Oh! sí, bellísima Inés,
espejo y luz de mis ojos,
escucharme sin enojos

como lo haces, amor es;
mira aquí a tus plantas, pues,
todo el altivo rigor
de este corazón traidor
que rendirse no creía,
adorando, vida mía,
la esclavitud de tu amor.


LLAMÉ AL CIELO, Y NO ME OYÓ…

Llamé al cielo, y no me oyó;
y pues sus puertas me cierra,
de mis pasos en la tierra
responda el cielo, no yo.

# FERNÁN CABALLERO
## (1796-1877)

*Nacida en Suiza e hija de un alemán, Cecilia Böhl der Faber —este era su verdadero nombre— ha entrado en la historia de la literatura por su novela* La gaviota, *a medio camino entre el costumbrismo romántico y el realismo. Pero tal vez la labor más importante de esta mujer, que vivió en un ambiente culto, fue su interés por el folclore, por recuperar cuentos, refranes, juegos infantiles, poemas y cantares populares que se transmitían de boca en boca a través de generaciones. Aquí presentamos algunos de los miles de coplas y poemas que rescató de la memoria del pueblo, algunos de ellos provienen de la lírica tradicional de la Edad Media.*

### COPLAS AMOROSAS

Quisiera verte y no verte,
quisiera hablarte y no hablarte,
quisiera encontrarte a solas
y quisiera no encontrarte.

Los ojos de mi morena
tienen un mirar extraño;
que matan en una hora
más que la muerte en un año.

Desde que te vi, te amé;
desde que te amé, me muero;
y si me muero por ti,
dichoso me considero.

Amores, amores tengo,
no los quisiera tener,
que un hombre se pone tonto
en queriendo a una mujer.

Todo el mundo en contra mía,
chiquilla, porque te quiero;
todo el mundo en contra mía,
y yo contra el mundo entero.

Aunque tú no me quieras,
tengo el consuelo
de saber que tú sabes
que yo te quiero.

A tu amor lo he comparado
a los días del invierno:
ya se aclara, ya se nubla,
ya diluvia, ya hace bueno.

No suspiro por verte,
que bien te veo;
suspiro por hablarte,
quiero y no puedo.

Manojitos de alfileres
me parecen tus pestañas;
cada vez que las meneas
se me clavan en el alma.

Es tu querer como el toro,
donde lo llaman se va;
el mío es como la piedra,
donde se pone se está.

Cada vez que te veo,
para mí digo:

a mi prójimo amo
como a mí mismo.

Quiéreme poco a poco,
no te apresures,
que lo que a mí me gusta
quiero que dure.

Tengo que hacer un castillo
encima de un alfiler,
y ha de tener más firmeza
que ha tenido tu querer.

La mujer que encuentre a un hombre
constante, firme y leal,
llévelo cual cosa rara
a la Historia Natural.

No te fíes de mujeres
aunque las veas llorar,
que con sus lágrimas riegan
las calabazas que dan.

Me quisiste, me olvidaste,
me volviste a querer;
los trapos que yo desecho
no me los vuelvo a poner.

Cuando te veo con pena,
en mí no reina alegría,
pues como te quiero tanto,
siento tu pena y la mía.

El corazón se me parte
de dolor y sentimiento
al ver que estás en el mundo
y ya para mí te has muerto.

## COPLAS MORALES

Mira que te mira Dios,
Mira que te está mirando,
mira que te has de morir,
mira que no sabes cuándo.

Desde el día que nacemos
a la muerte caminamos:
no hay cosa que más se olvide
y que más cierta tengamos.

Cuando se emborracha un pobre,
le dicen el borrachón;
cuando se emborracha un rico,
¡qué gracioso está el señor!

Si te murieras, mujer,
¡qué dicha para los dos!
Tú ibas a ver a Dios
y Dios me venía a ver.

Sin vida estoy por vivir
la vida que estoy viviendo,
pues vivo, y no sé si vivo,
porque más que vivo, muero.

Tengo un dolor no sé dónde,
nacido de un no sé qué,
sanaré yo no sé cuándo,
me sanará no sé quién.

Todo lo puede el amor,
todo el dinero lo vence,
todo lo consume el tiempo,
todo lo acaba la muerte.

# RAMÓN DE CAMPOAMOR
## (1817-1901)

Es el poeta más representativo de la época de la Restauración, la segunda mitad del siglo XIX, cuando decae el Romanticismo y surge el Realismo. Nacido en Navia (Asturias), estudió medicina, pero se dedicó a la literatura y a la política. Fue diputado y gobernador civil de Alicante y Valencia. Se preocupó por indagar el alma humana, en especial, la femenina, y gozó de una enorme popularidad en su tiempo. Fue muy admirado por las mujeres que, en los salones, acudían al poeta para que escribiese en sus abanicos alguno de esos breves poemas, llenos de ingenio y picardía, y que él definió como «humoradas» o «doloras». Campoamor, que en su juventud vivió el ambiente romántico, rompe con este movimiento para defender unas ideas artísticas opuestas. En su poética apunta que el arte consiste en realizar ideas con imágenes, y propugna una poesía que se escriba como se habla y cuyo estilo sea el hombre.

Olvidado tras su muerte, infravalorado después, ha habido grandes poetas (Guillén, Cernuda, Gil de Biedma) que han reivindicado el valor de su poesía. Aquí incluimos una selección de sus famosas «Humoradas», fruslerías poéticas, como las definía, naderías, aleluyas sentimentales —eternas reflexiones humorísticas sobre el amor— que tanto éxito tuvieron en su tiempo y que siguen siendo actuales.

## HUMORADAS

La niña es la mujer que respetamos,
y la mujer, la niña que engañamos.

Te morías por él, pero es lo cierto
que pasó tiempo y tiempo, y no te has muerto.

Sé firme en esperar, que de este modo
algo le llega al que lo espera todo.

Las amamos por bellas,
pero no por constantes;
nos gustan las mujeres como estrellas
y, en materia de estrellas, las errantes.

El amor que más quiere,
como no viva en la abstinencia, muere.

Las niñas más juiciosas y más puras
al llegar la razón hacen locuras.

¿Me preguntáis lo que es amor, señora?
Es condensar la vida en una hora.

Yo no sé en qué consiste
que al verte tan feliz me siento triste.

De todo lo visible y lo invisible
crees sólo en el amor, que es lo increíble.

Después de bien pensado,
fue mi tiempo perdido el más ganado.

Ten, por arte y respeto,
tus pasiones a raya;
muere el amor al conseguir su objeto
como mueren las olas en la playa.

¡Cuánto desventurado
hay que cree conquistar y es conquistado!

¡Dichosa la mujer que no conoce
que en los goces tranquilos falta el goce!

Tu mano de marfil que antes ardía,
ya me suele quemar de puro fría.

¿Por qué saben las gentes que has pecado?
Lo saben porque rezas demasiado.

Además del perdón que me has pedido,
te concedo el desprecio y el olvido.

Hay mujer que se juzga tan despierta
que siempre piensa mal y nunca acierta.

Lo que he admirado en ti con más empeño
ya, en vez de darme sueños, me da sueño.

Ya sabes, ayer reina y hoy esclava,
cómo empieza el amor y cómo acaba.

Con locura te amé, pero hoy, bien mío,
si te hallo sobre un puente te echo al río.

El santo matrimonio nos aterra
después que hemos sabido
que, en las luchas civiles, el marido
es quien paga los gastos de la guerra.

Obra el amor de modo
que todo lo hace y lo deshace todo.

Las hijas de las madres que amé tanto
me besan ya como se besa a un santo.

## LAS ESTACIONES

Joven pensé, pero pensaba en vano;
ya viejo, no sé amar lo que amar quiero.

Trae rosas abril, fruto el verano,
hojas secas octubre, escarcha enero.

Tal es la fuerza del destino humano;
lo que ha de ser después, nunca es primero:

espera la niñez, el joven quiere,
piensa el adulto, y la vejez se muere.

# ROSALÍA DE CASTRO
## (1837-1885)

*Nacida en Santiago de Compostela, es la gran figu-ra de la lírica en lengua gallega, aunque escribió un li-bro en castellano,* En las orillas del Sar, *de estilo román-tico, y un precedente —por la innovación de sus for-mas métricas— del modernismo. Su tema más querido es el paisaje, que a menudo se funde con el sentimien-to interior. Al casarse se trasladó a Castilla, pero no se sentía a gusto fuera de Galicia y el matrimonio retornó a La Coruña. Fue hija ilegítima, algo que le marcó, y tuvo una vida triste, llena de penalidades, como se aprecia en sus poemas de una arraigada tristeza.*

### YO NO SÉ LO QUE BUSCO ETERNAMENTE...

Yo no sé lo que busco eternamente
en la tierra, en el aire y en el cielo;
yo no sé lo que busco, pero es algo
que perdí no sé cuándo y que no encuentro,
aun cuando sueñe que invisible habita
en todo cuanto toco y cuanto veo.

Felicidad, no he de volver a hallarte
en la tierra, en el aire ni en el cielo,
¡aun cuando sé que existes
y no eres vano sueño!

### PAISAJE

Un manso río, una vereda estrecha,
un campo solitario y un pinar,

y el viejo puente rústico y sencillo
completando tan grata soledad.

¿Qué es soledad? Para llenar el mundo
basta a veces un solo pensamiento.
Por eso hoy, hartos de belleza, encuentras
el puente, el río y el pinar desiertos.

No son nube ni flor los que enamoran;
eres tú, corazón, triste o dichoso,
ya del dolor y del placer el árbitro,
quien seca el mar y hace habitable el polo.


YA NO MANA LA FUENTE…

Ya no mana la fuente, se agotó el manantial;
ya el viajero allí nunca va su sed a apagar.

Ya no brota la hierba, ni florece el narciso,
ni en los aires esparcen su fragancia los lirios.

Sólo el cauce arenoso de la seca corriente
le recuerda al sediento el horror de la muerte.

¡Mas no importa!; a lo lejos otro arroyo murmura
donde humildes violetas el espacio perfuman.

Y de un sauce el ramaje, al mirarse en las ondas,
tiende en torno del agua su fresquísima sombra.

El sediento viajero que el camino atraviesa,
humedece los labios en la linfa serena
del arroyo que el árbol con sus ramas sombrea,
y dichoso se olvida de la fuente ya seca.


177

# GUSTAVO ADOLFO BÉCQUER
(1836-1870)

*Nacido en Sevilla, se queda huérfano de niño y pasa a vivir con una tía. Quiso, primero, ser pintor como su padre, y después, deseoso de triunfar en la vida literaria, se va a Madrid a los dieciocho años, donde malvive escribiendo en los periódicos y aceptando diversos trabajos (fue, incluso, censor de novelas). Tuvo amores apasionados y se casó con Casta Esteban a los veinticinco años, a la que abandonó tras descubrir que le era infiel. Su vida estuvo llena de proyectos —entre ellos su* Historia de los templos de España—, *de sueños que no logró realizar, pues nunca pudo salir de la bohemia más triste. Enfermo de tuberculosis, murió joven sin lograr ver impresos sus poemas, que se publicaron al año siguiente gracias al esfuerzo de un pequeño grupo de buenos amigos que creían en él.* Rimas *contiene setenta y seis poesías que Bécquer reconstruyó de memoria después de que el original se quemara en un incendio. Quiso triunfar, sabía que llevaba «algo divino» dentro, pero sólo logró la indiferencia de sus contemporáneos. Años después su poesía fue reivindicada por grandes autores, como Juan Ramón Jiménez, Antonio Machado o los miembros de la Generación del 27. Se le considera la cumbre del Romanticismo español. Bécquer supo reflejar como nadie lo que el espíritu romántico tenía de novedad: la subjetividad, el sentir íntimo, la soledad del artista, la intuición ante un mundo irracional. Su poesía es, también, precursora del simbolismo. De las rimas aquí incluidas, «Volverán las oscuras golondrinas...», quizá sea el mejor poema español del siglo XIX.*

## DOS ROJAS LENGUAS DE FUEGO...

Dos rojas lenguas de fuego
que a un mismo tronco enlazadas
se aproximan, y al besarse
forman una sola llama;

Dos notas que del laúd
a un tiempo la mano arranca,
y en el espacio se encuentran
y armoniosas se abrazan;

Dos olas que vienen juntas
a morir sobre una playa
y que al romper se coronan
con un penacho de plata;

Dos jirones de vapor
que del lago se levantan
y al juntarse allá en el cielo
forman una nube blanca;

Dos ideas que al par brotan,
dos besos que a un tiempo estallan,
dos ecos que se confunden,
eso son nuestras dos almas.


## CUANDO EN LA NOCHE TE ENVUELVEN...

Cuando en la noche te envuelven
las alas de tul del sueño
y tus tendidas pestañas
semejan arcos de ébano,
por escuchar los latidos
de tu corazón inquieto
y reclinar tu dormida

179

cabeza sobre mi pecho,
diera, alma mía,
cuanto poseo:
¡la luz, el aire
y el pensamiento!

Cuando se clavan tus ojos
en un invisible objeto
y tus labios ilumina
de una sonrisa el reflejo,
por leer sobre tu frente
el callado pensamiento
que pasa como la nube
del mar sobre el ancho espejo,
diera, alma mía,
cuanto deseo:
¡la fama, el oro,
la gloria, el genio!

Cuando enmudece tu lengua
y se apresura tu aliento
y tus mejillas se encienden
y entornas tus ojos negros,
por ver entre sus pestañas
brillar con húmedo fuego
la ardiente chispa que brota
del volcán de los deseos,
diera, alma mía,
por cuanto espero,
la fe, el espíritu,
la tierra, el cielo.


OLAS GIGANTES QUE OS ROMPÉIS BRAMANDO...

Olas gigantes que os rompéis bramando
en las playas desiertas y remotas,

envuelto entre la sábana de espumas,
¡llevadme con vosotras!

Ráfagas de huracán que arrebatáis
del alto bosque las marchitas hojas,
arrastrado en el ciego torbellino,
¡llevadme con vosotras!

Nube de tempestad que rompe el rayo
y en fuego ornáis las desprendidas orlas,
arrebatado entre la niebla oscura,
¡llevadme con vosotras!

Llevadme por piedad adonde el vértigo
con la razón me arranque la memoria.
¡Por piedad! ¡Tengo miedo de quedarme
con mi dolor a solas!


SI AL MECER LAS AZULES CAMPANILLAS…

Si al mecer las azules campanillas
de tu balcón,
crees que suspirando pasa el viento
murmurador,
sabe que oculto entre las verdes hojas
suspiro yo.

Si al resonar confuso a tus espaldas
vago rumor,
crees que por tu nombre te ha llamado
lejana voz,
sabe que entre las sombras que te cercan
te llamo yo.
Si se turba medroso en la alta noche
tu corazón,

181

al sentir en tus labios un aliento
abrasador,
sabe que, aunque invisible, al lado tuyo
respiro yo.


POR UNA MIRADA, UN MUNDO…

Por una mirada, un mundo
por una sonrisa, un cielo;
por un beso… ¡yo no sé
qué te diera por un beso!


VOLVERÁN LAS OSCURAS GOLONDRINAS…

Volverán las oscuras golondrinas
en tu balcón sus nidos a colgar,
y otra vez con el ala a tus cristales
jugando llamarán.

Pero aquellas que el vuelo refrenaban
tu hermosura y mi dicha a contemplar,
aquellas que aprendieron nuestros nombres
esas… ¡no volverán!

Volverán las tupidas madreselvas
de tu jardín las tapias a escalar
y otra vez a la tarde aún más hermosas
sus flores se abrirán.

Pero aquéllas cuajadas de rocío
cuyas gotas mirábamos temblar
y caer como lágrimas del día…
esas… ¡no volverán!

Volverán del amor en tus oídos
las palabras ardientes a sonar,
tu corazón de su profundo sueño
tal vez despertará.

Pero mudo y absorto y de rodillas
como se adora a Dios ante su altar,
como yo te he querido... desengáñate,
así... ¡no te querrán!


## ASOMABA A SUS OJOS UNA LÁGRIMA...

Asomaba a sus ojos una lágrima
y a mi labio una frase de perdón;
habló el orgullo y se enjugó su llanto,
y la frase en mis labios expiró.

Yo voy por un camino; ella, por otro;
pero al pensar en nuestro mutuo amor,
yo digo aún: ¿por qué callé aquel día?
Y ella dirá: ¿por qué no lloré yo?


## HOY COMO AYER, MAÑANA COMO HOY...

Hoy como ayer, mañana como hoy,
¡y siempre igual!
Un cielo gris, un horizonte eterno
y andar... andar.

Moviéndose a compás como una estúpida
máquina el corazón;
la torpe inteligencia del cerebro
dormida en un rincón.

183

El alma, que ambiciona un paraíso,
buscándole sin fe;
fatiga sin objeto, ola que rueda
ignorando por qué.

Voz que incesante con el mismo tono
canta el mismo cantar;
gota de agua monótona que cae
y cae sin cesar.

Así van deslizándose los días
unos de otros en pos,
hoy lo mismo que ayer... y todos ellos
sin gozo ni dolor.

¡Ay! ¡a veces me acuerdo suspirando
del antiguo sufrir!
¡Amargo es el dolor; pero siquiera
padecer es vivir!

AL VER MIS HORAS DE FIEBRE...

Al ver mis horas de fiebre
e insomnio lentas pasar,
a la orilla de mi lecho,
¿quién se sentará?

Cuando la trémula mano
tienda próximo a expirar
buscando una mano amiga,
¿quién la estrechará?

Cuando la muerte vidrie
de mis ojos el cristal,
mis párpados aún abiertos,
¿quién los cerrará?

Cuando la campana suene
(si suena en mi funeral),
una oración al oírla,
¿quién murmurará?

Cuando mis pálidos restos
oprima la tierra ya,
sobre la olvidada fosa,
¿quién vendrá a llorar?

¿Quién en fin al otro día,
cuando el sol vuelva a brillar,
de que pasé por el mundo
quién se acordará?

# IV
# Del modernismo a las vanguardias
# (1890-1936)

EN apenas medio siglo —de 1890 a 1936, aproximadamente— la poesía española vivirá un período de esplendor como no lo había conocido desde el Barroco. Es lo que se llama la Edad de Plata. En tan breve espacio de tiempo aparece una serie de nombres de primera fila que renuevan la poesía española y siguen ejerciendo magisterio e influencia en los autores de hoy. Todos ellos coinciden con el período más vital y revolucionario estéticamente de la historia del arte.

El modernismo, capitaneado por Rubén Darío, es el primer gran paso para la renovación de una poesía que, con el realismo, se había hecho demasiado chata, limitada, prosaica. Heredero de los movimientos franceses, del parnasianismo y del simbolismo —que ya subyace en Bécquer—, el modernismo propugna una nueva sensibilidad. Se reivindica la fantasía, la ensoñación, lo exótico, otros mundos y otras épocas, a la vez que se experimenta con nuevos metros y rimas, resaltando la musicalidad de las palabras, su colorido, la sensualidad. Los poemas se llenan de cisnes, princesas, héroes medievales, jardines, palacios... Se huye de la realidad, pero hasta cierto punto. Los modernistas españoles se ceñirán más a lo que les rodea —en algunos, un mundo bohemio y canalla— o a su experiencia personal, como sucede con el más destacado, Manuel Machado.

Su hermano Antonio Machado y Juan Ramón Jiménez —dos enormes poetas— también comenzarán en el modernismo, pero se alejarán de este movimiento para profundizar en una poesía personal. Contemporáneo a ambos es Miguel de Unamuno, otro nombre singular, cuya poesía —antimodernista— es un vehículo para expresar sus preocupaciones religiosas y filosóficas: «Piensa el sentimiento. / Siente el pensamiento...»

Las primeras décadas del siglo XX son una época de furor vanguardista internacional, especialmente en el arte. La poesía española no será ajena a estos movimientos: ultraísmo, creacionismo, surrealismo, futurismo, cubismo, expresionismo y otros tantos ismos, a veces muy efímeros, se sucederán en los poetas de la Generación del 27, llamada así porque se reunieron en Sevilla ese año para celebrar el tercer centenario de la muerte de Góngora. Este poeta barroco del siglo XVII y el Juan Ramón Jiménez de la poesía pura serán los maestros remoto e inmediato de este importantísimo grupo, amigos todos y con una obra muy distinta entre sí.

Los poetas del 27 comparten unas ansias de renovación artística, un lenguaje culto mezclado con expresiones coloquiales y un gusto por la metáfora. Es una obra intelectual de poetas —la mayoría— profesores.

Sin embargo, su poesía evolucionó y empezó a llenarse de preocupaciones humanas en los años treinta, con la llegada de Pablo Neruda y la revista *Caballo verde para la poesía*. Después de la Guerra Civil, la generación desaparece como tal: sus miembros se disgregan, y cada uno toma su propio camino, avanzando hacia una poesía existencial, filosófica, confesional, de conocimiento... Hay que señalar que casi todos ellos estuvieron al lado de la República. Una vez que finalizó la guerra, por tanto, tuvieron que emigrar al extranjero o permanecer en España en un discreto exilio interior. Algunos de sus libros más significativos de los que permanecieron se publicarán, precisamente, en los años cuarenta, como *Hijos de la ira,* de Dámaso Alonso, o *Sombra del paraíso,* de Vicente Aleixandre.

# Anónimo

AL TODOPODEROSO

¿En dónde estás, Señor, que tu presencia
no se muestra a la faz del descreído
que, sin temor a Ti, cual forajido,
despoja, viola y mata sin conciencia?...

¿Dónde están tu justicia y providencia
que no amparan al pobre, al oprimido,
y del rey, del magnate y del valido
consientes la feroz concupiscencia?...

¿No somos, ante Ti, todos hermanos?
Si lo somos, ¿por qué no ser iguales,
en la vida lo mismo que en la muerte?...

¡Mientras existan siervos y tiranos
y en la Tierra consientas tantos males,
no acabaré, Señor, de comprenderte!...

# MIGUEL DE UNAMUNO
## (1864-1936)

*Fue el maestro y guía de la Generación del 98, también llamada del Desastre, el escritor más influyente de su tiempo y el que mejor ha expresado las contradicciones de aquella época. Su personalidad trascendió la literatura y el pensamiento: se enfrentó con el general Primo de Rivera, que lo desterró a Fuerteventura, y fue rector de la Universidad de Salamanca, en cuyas aulas, y al inaugurarse el curso de 1936, negó la legitimidad del alzamiento nacional: «Venceréis, pero no convenceréis...», dijo a las tropas de Franco.*

*Nacido en Bilbao, fue un vasco de raza que amó profundamente Castilla. Llevó una vida austera y familiar, aderezada con algunas peculiaridades, como su afición a la papiroflexia —solía tener pajaritas de papel en su despacho— y su rechazo a la corbata, que nunca usó. Fue una continua paradoja: «Mi religión —dijo— es buscar la verdad en la vida y la vida en la verdad, aun a sabiendas de que no he de encontrarlas mientras viva.»*

*Su producción es muy abundante como ensayista, novelista, dramaturgo, crítico, pensador y poeta. En todos estos géneros están presentes sus temas fundamentales: el problema de España y el sentido de la vida.*

*Su dedicación poética es tardía, y hasta 1907 no publicaría el primero de sus nueve libros. El último, Cancionero póstumo incluye 1.750 poemas escritos en los últimos años de su vida. Su poesía es ajena a los movimientos renovadores de la época, y es un medio para expresar su pensamiento y esa angustia existencial, casi metafísica. «Un poeta —decía— es el que desnuda con el lenguaje rítmico su alma.» También fue un poeta civil, combativo, nostálgico (en De Fuerteventura a París, escri-*

*to en sus destierros) o sentimental (en Teresa, de clara influencia becqueriana). Unamuno fue un poeta intelectual, cuyo mejor libro quizá sea El Cristo de Velázquez, una obra difícil, en la tradición de los místicos españoles.*

RIMA 15

Si tú y yo, Teresa mía, nunca
nos hubiéramos visto,
nos hubiésemos muerto sin saberlo:
no habríamos vivido.

Tú sabes que moriste, vida mía,
pero tienes sentido
de que vives en mí, y viva aguardas
que a ti torne yo vivo.

Por el amor supimos de la muerte;
por el amor supimos
que se muere: sabemos que se vive
cuando llega el morirnos.

Vivir es solamente, vida mía,
saber que se ha vivido,
es morirse a sabiendas dando gracias
a Dios de haber nacido.


¿QUÉ ES TU VIDA, ALMA MÍA…?

¿Qué es tu vida, alma mía; cuál tu pago?
¡lluvia en el lago!
¿Qué es tu vida, alma mía, tu costumbre?
¡viento en la cumbre!
¿Cómo tu vida, mi alma, se renueva?
¡sombra en la cueva!

193

¡Lluvia en el lago!
¡Viento en la cumbre!
¡Sombra en la cueva!
Lágrimas es la lluvia desde el cielo,
y es el viento sollozo sin partida,
pesar la sombra sin ningún consuelo,

y lluvia y viento y sombra hacen la vida.


SONETO

Vuelve hacia atrás la vista, caminante,
verás lo que te queda de camino;
desde el oriente de tu cuna, el sino
ilumina tu marcha hacia adelante.

Es del pasado el porvenir semblante;
como se irá la vida así se vino;
cabe volver las riendas del destino
como se vuelve del revés un guante.

Lleva tu espalda reflejado el frente;
sube la niebla por el río arriba
y se resuelve encima de la fuente;

la lanzadera en su vaivén se aviva;
desnacerás un día de repente;
nunca sabrás dónde el misterio estriba.

# RUBÉN DARÍO
## (1867-1916)

*Poeta nicaragüense, que se consideró tan americano
como español, y que ejerció una influencia decisiva en la
renovación del panorama poético de principio de siglo.
No fue el fundador, pero sí el más puro representante del
Modernismo, el jefe de filas que arrastró a los jóvenes
poetas que buscaban otros aires —y otras formas— para
la estancada poesía del final de siglo. Fue periodista y di-
plomático, y un literato precoz. A los once años ya había
publicado poemas en un periódico local. Pronto entraría
en contacto con el simbolismo y el parnasianismo francés, que tanta influencia ejercerá en sus poesía. A los
veintiún años editó su primer libro, Azul; cuatro años
después llega a España. A partir de entonces vivió entre
París y Madrid. En 1913, agotado por los excesos de una
vida social brillante y demasiado mundana, se retira a la
Cartuja de Valldemosa (Mallorca), pero al empezar la
Primera Guerra Mundial regresa a su país, donde morirá
alcoholizado. Cantos de vida y esperanza es su mejor libro. Aquí presentamos tres poemas: el primero es casi un
cuento infantil con aire oriental; el segundo, lleno de ritmo y sonoridad, es un canto más a la raza y a la tradición
que nos sustenta; y el tercero es uno de esos poemas intimistas y pesimistas, tan raros en Rubén.*

A MARGARITA DEBAYLE

Margarita está linda la mar,
y el viento,
lleva esencia sutil de azahar;
yo siento

en el alma una alondra cantar;
tu acento:
Margarita, te voy a contar
un cuento:

Esto era un rey que tenía
un palacio de diamantes,
una tienda hecha de día
y un rebaño de elefantes,

un kiosco de malaquita,
un gran manto de tisú,
y una gentil princesita,
tan bonita,
Margarita,
tan bonita, como tú.

Una tarde, la princesa
vio una estrella aparecer;
la princesa era traviesa
y la quiso ir a coger.

La quería para hacerla
decorar un prendedor,
con un verso y una perla
y una pluma y una flor.

Las princesas primorosas
se parecen mucho a ti:
cortan lirios, cortan rosas,
cortan astros. Son así.

Pues se fue la niña bella,
bajo el cielo y sobre el mar,
a cortar la blanca estrella
que la hacía suspirar.

Y siguió camino arriba,
por la luna y más allá;
mas lo malo es que ella iba
sin permiso de papá.

Cuando estuvo ya de vuelta
de los parques del Señor,
se miraba toda envuelta
en un dulce resplandor.

Y el rey dijo: «¿Qué te has hecho?
te he buscado y no te hallé;
y ¿qué tienes en el pecho
que encendido se te ve?»

La princesa no mentía.
Y así, dijo la verdad:
«Fui a cortar la estrella mía
a la azul inmensidad.»

Y el rey clama: —«¿No te he dicho
que el azul no hay que cortar?
¡Qué locura!, ¡Qué capricho!...
El Señor se va a enojar.»

Y dice ella: —«No hubo intento;
yo me fui no sé por qué;
por las olas por el viento
fui a la estrella y la corté.»

Y el papá dice enojado:
«Un castigo has de tener:
vuelve al cielo, y lo robado
vas ahora a devolver.»

La princesa se entristece
por su dulce flor de luz,

cuando entonces aparece
sonriendo el Buen Jesús.

Y así dice: «En mis campiñas
esa rosa le ofrecí;
son mis flores de las niñas
que al soñar piensan en Mí.»

Viste el rey ropas brillantes,
y luego hace desfilar
cuatrocientos elefantes
a la orilla de la mar.

La princesita está bella,
pues ya tiene el prendedor
en que lucen, con la estrella,
verso, perla, pluma y flor.

Margarita, está linda la mar,
y el viento
lleva esencia sutil de azahar:
tu aliento.
Ya que lejos de mí vas a estar,
guarda, niña, un gentil pensamiento
al que un día te quiso contar
un cuento.


LETANÍA DE NUESTRO SEÑOR DON QUIJOTE

Rey de los hidalgos, señor de los tristes,
que de fuerza alientas y de ensueños vistes,
coronado de áureo yelmo de ilusión;
que nadie ha podido vencer todavía,
por la adarga al brazo, toda fantasía,
y la lanza en ristre, toda corazón.

Noble peregrino de los peregrinos,
que santificaste todos los caminos
con el paso augusto de tu heroicidad,
contra las certezas, contra las conciencias
y contra las leyes y contra las ciencias.
Contra la mentira, contra la verdad...

¡Caballero errante de los caballeros,
varón de varones, príncipe de fieros,
par entre los pares, maestro, salud!
¡Salud, porque juzgo que hoy muy poca tienes,
entre los aplausos o entre los desdenes,
y entre las coronas y los parabienes
y las tonterías de la multitud!

¡Tú, para quien pocas fueron las victorias
antiguas y para quien clásicas glorias
serían apenas de ley y razón,
soportas elogios, memorias, discursos,
resistes certámenes, tarjetas, concursos,
y, teniendo a Orfeo, tienes a orfeón! [...]

¡Ruega por nosotros, hambrientos de vida,
con el alma a tientas, con la fe perdida,
llenos de congojas y faltos de sol,
por advenedizas almas de manga ancha,
que ridiculizan el ser de la Mancha,
el ser generoso y el ser español! [...]

Ruega generoso, piadoso, orgulloso;
ruega casto, puro, celeste, animoso;
por nos intercede, suplica por nos,
pues casi ya estamos sin savia, sin brote,
sin alma, sin vida, sin luz, sin Quijote,
sin piel y sin alas, sin Sancho y sin Dios.

De tantas tristezas, de dolores tantos
de los superhombres de Nietzsche, de cantos
áfonos, recetas que firma un doctor,
de las epidemias, de horribles blasfemias
de las Academias,
¡líbranos, Señor!

De rudos malsines,
falsos paladines,
y espíritus finos y blandos y ruines,
del hampa que sacia
su canallocracia
con burlar la gloria, la vida, el honor,
del puñal con gracia,
¡líbranos, Señor!

Noble peregrino de los peregrinos,
que santificaste todos los caminos,
con el paso augusto de tu heroicidad,
contra las certezas, contra las conciencias
y contra las leyes y contra las ciencias,
contra la mentira, contra la verdad...

¡Ora por nosotros, señor de los tristes
que de fuerza alientas y de ensueños vistes,
coronado de áureo yelmo de ilusión!
¡que nadie ha podido vencer todavía,
por la adarga al brazo, toda fantasía,
y la lanza en ristre, toda corazón!


LO FATAL

Dichoso el árbol, que es apenas sensitivo,
y más la piedra dura, porque esa ya no siente,
pues no hay dolor más grande que el dolor de ser vivo,
ni mayor pesadumbre que la vida consciente.

Ser y no saber nada, y ser sin rumbo cierto,
y el temor de haber sido, y un futuro terror...
Y el espanto seguro de estar mañana muerto,
y sufrir por la vida, y por la sombra, y por

lo que no conocemos y apenas sospechamos,
y la carne que tienta con sus frescos racimos,
y la tumba que aguarda con sus fúnebres ramos,
¡y no saber adónde vamos
ni de dónde venimos!...

# MANUEL MACHADO
## (1874-1947)

*Nacido en Sevilla, muy pronto se trasladó a Madrid. Es el gran poeta de la bohemia española, el cantor del mundo galante y un tanto canalla; el poeta de los cafés, de los golfos y las putas, del alcohol y la noche, de la vida a flor de piel. Un ambiente decadente y crápula de principios de siglo, que vive con intensidad, pero que abandona en 1910 al casarse con una mujer profundamente religiosa y obtener, tres años después, un trabajo en la Biblioteca Nacional. Escribió con su hermano Antonio varias obras de teatro, y curiosamente, al estallar la Guerra Civil, cada uno la vivirá en un bando. Manuel Machado es un poeta injustamente valorado, al que le ha perjudicado la comparación con su hermano, su ideología y los libros de sus últimos años. En su poesía cabe distinguir una notable variedad de tonos, y en ella conviven la elegancia superficial y la reflexión profunda, lo culto y lo popular, lo cosmopolita y lo castizo. También supo recrear el estilo y el espíritu de la copla andaluza. Entre los poemas que se incluyen aquí, figura Castilla una versión del pasaje IV del* Poema de Mio Cid, *un texto sobrio que contrasta con otras composiciones elegidas, coloristas, musicales, de aparente frivolidad.*

YO, POETA DECADENTE…

Yo, poeta decadente,
español del siglo veinte,
que los toros he elogiado,
y cantado
las golfas y el aguardiente…,

y la noche de Madrid,
y los rincones impuros,
y los vicios más oscuros
de estos bisnietos del Cid:
de tanta canallería
harto estar un poco debo;
ya estoy malo, y ya no bebo
lo que han dicho que bebía.

Porque ya
una cosa es la Poesía
y otra cosa lo que está
grabado en el alma mía...
Grabado, lugar común.
Alma, palabra gastada.
Mía... No sabemos nada.
Todo es conforme y según.


ENCAJES

Alma son de mis cantares
tus hechizos...
Besos, besos
a millares. Y en tus rizos,
besos, besos a millares.
¡Siempre amores! ¡Nunca amor!

Los placeres
van de prisa:
una risa
y otra risa,
y mil nombres de mujeres,
y mil hojas de jazmín
desgranadas
y ligeras...

Y son copas no apuradas,
y miradas
pasajeras,
que desfloran nada más.
Desnudeces,
hermosuras,
carne tibia y morbideces,
elegancias y locuras...

No me quieras, no me esperes...
¡No hay amor en los placeres!
¡No hay placer en el amor!


COPLAS

Si te quise, no lo sé;
si me quisiste, tampoco...
Pues... borrón y cuenta nueva:
yo, con otra, y tú, con otro.

Cuando me miras, me matas....
y si no me miras, más:
son puñales que me clavas
y los vuelves a sacar.

Por querer a una mujer,
un hombre perdió la vida,
y aquella mujer perdió...
la diversión que tenía.

De querer a no querer
hay un camino muy largo,
y todo el mundo lo anda
sin saber cómo ni cuándo.

Quita una pena otra pena,
un dolor otro dolor,

un clavo saca otro clavo
y un amor quita otro amor.

Cuando me pongo a cantar,
me salen, en vez de coplas,
las lágrimas de los ojos,
los suspiros de la boca.


LA CANCIÓN DEL PRESENTE

No sé odiar, ni amar tampoco.
Y en mi vida inconsecuente,
amo, a veces, como un loco
u odio de un modo insolente.
Pero siempre dura poco
lo que quiero y lo que no...
¡Qué sé yo!
Ni me importa...
Alegre es la vida. Y corta,
pasajera.
Y es absurdo,
y es antipático y zurdo
complicarla
con un ansia de verdad
duradera
y expectante.
¿Luego?... ¡Ya!
La verdad será cualquiera.
Lo precioso es el instante
que se va.


LA CANCIÓN DEL INVIERNO

Los días están tristes y la gente se muere,
y cae la lluvia sucia de las nubes de plomo...

205

Y la ciudad no sabe lo que le pasa, como
el pobre corazón no sabe lo que quiere.

Es el invierno. Oscuro túnel, húmedo encierro,
por donde marcha, a tientas, nuestro pobre convoy.
Y nos tiene amarrados a la vida de hoy,
como un amo que tira de su cadena al perro.

Luto, lluvia, recuerdo. Triste paz y luz pobre.
Cerremos la ventana a este cielo de cobre.
Encendamos la lámpara en los propios altares...

Y tengamos, en estas horas crepusculares,
una mujer al lado, en el hogar un leño...
y un libro que nos lleve desde la prosa al sueño.


VETE

Tu mirada, mujer, da con la mía
esa mezcla antipática y absurda
de luz artificial y luz del día.


CASTILLA

El ciego sol se estrella
en las duras aristas de las armas,
llaga de luz los petos y espaldares
y flamea en las puntas de las lanzas.

El ciego sol, la sed y la fatiga.
Por la terrible estepa castellana,
al destierro, con doce de los suyos
—polvo, sudor y hierro—, el Cid cabalga.

Cerrado está el mesón a piedra y lodo...
Nadie responde. Al pomo de la espada
y al cuento de las picas, el postigo
va a ceder... ¡Quema el sol, el aire abrasa!

A los terribles golpes,
de eco ronco, una voz pura, de plata
y de cristal, responde... Hay una niña
muy débil y muy blanca
en el umbral. Es toda
ojos azules; y en los ojos, lágrimas.
Oro pálido nimba
su carita curiosa y asustada.

—¡Buen Cid! Pasad... El rey nos dará muerte,
arruinará la casa
y sembrará de sal el pobre campo
que mi padre trabaja...
Idos. El Cielo os colme de venturas...
En nuestro mal, ¡oh Cid!, no ganáis nada.

Calla la niña y llora sin gemido...
Un sollozo infantil cruza la escuadra
de feroces guerreros,
y una voz inflexible grita: «¡En marcha!»

El ciego sol, la sed y la fatiga.
Por la terrible estepa castellana,
al destierro, con doce de los suyos
—polvo, sudor y hierro— el Cid cabalga.

# LA LLUVIA

Il pleure dans mon coeur comme il pleut dans la ville.

Verlaine.

Yo tuve una vez amores.
Hoy es día de recuerdos.
Yo tuve una vez amores.

Hubo sol y hubo alegría.
Un día, ya bien pasado...,
hubo sol y hubo alegría.

De todo, ¿qué me ha quedado?
De la mujer que me amaba,
de todo, ¿qué me ha quedado?...

... El aroma de su nombre,
el recuerdo de sus ojos
y el aroma de su nombre.

# ANTONIO MACHADO
(1875-1936)

*Es uno de los poetas más importantes y queridos de este siglo. Nacido en Sevilla, y educado en la tradición liberal, en sus años de juventud trabajó de meritorio en el teatro, viajó a París y a la vuelta vivió los ambientes modernistas y bohemios de principios de siglo. En 1907 cambia su vida al irse destinado al instituto de Soria tras obtener su cátedra de francés. Allí conoce a Leonor, la hija del dueño de la pensión, una muchacha de trece años, con quien se casa tres años después; pero la muerte prematura de su esposa —que siempre le acompañará en sus recuerdos y en muchos de los poemas— le marcará. Se va de Soria y sigue, como profesor de instituto, en pequeñas ciudades: Baeza, Segovia; hasta que finalmente, y tras la proclamación de la República, regresa a Madrid y colabora activamente en los periódicos. En estos años volvió a enamorarse de una mujer —Guiomar, en sus poemas—, pero su amor no fue correspondido. Tras la derrota republicana en la guerra, Machado se exilió en Colliure, un pueblo francés, muy cerca de la frontera, pero murió, humilde y silencioso, ese mismo año. «Estos días azules y este sol de la infancia», fue el último verso que escribió mirando hacia España.*

*La poesía es, según la define, «una honda palpitación del espíritu». En sus primeros libros asimila el modernismo, y lo lleva, de un modo muy personal, hacia el simbolismo y el intimismo. Al llegar a Soria, el paisaje de Castilla ejercerá una influencia decisiva en su obra. Su poesía, con escasas imágenes y un lenguaje que roza lo coloquial, es sencilla, pero profunda. En ella se conjuga el sentimiento y el pensamiento, y tiene una rara habilidad para trascender la anécdota. Sus temas constantes*

son los sueños de la juventud; los paisajes —con alma—
de Castilla y después de Andalucía; el amor puro y el recuerdo de Leonor, y el tiempo, la muerte y Dios. Se inte-
resó por la poesía popular —su padre fue uno de los
grandes folcloristas—, que dejó huella en sus últimos
poemas.


YO VOY SOÑANDO CAMINOS...

Yo voy soñando caminos
de la tarde. ¡Las colinas
doradas, los verdes pinos,
las polvorientas encinas!...
¿Adónde el camino irá?
Yo voy cantando, viajero,
a lo largo del sendero.
La tarde cayendo está.

«En el corazón tenía
la espina de una pasión;
logré arrancármela un día:
ya no siento el corazón.»

Y todo el campo un momento
se queda, mudo y sombrío,
meditando. Suena el viento
en los álamos del río.

La tarde más se oscurece;
y el camino que serpea
y débilmente blanquea,
se enturbia y desaparece.

Mi cantar vuelve a plañir:
«Aguda espina dorada,
quién te pudiera sentir
en el corazón clavada.»


## SUEÑO

Desgarrada la nube; el arco iris
brillando ya en el cielo,
y en un fanal de lluvia
y sol, el campo envuelto.

Desperté. ¿Quién enturbia
los mágicos cristales de mi sueño?
Mi corazón latía
atónito y disperso.

… ¡El limonar florido,
el cipresal del huerto,
el prado verde, el sol, el agua, el iris!
¡el agua en tus cabellos!…

Y todo en la memoria se perdía
como una pompa de jabón al viento.


## LA PRIMAVERA BESABA…

La primavera besaba
suavemente la arboleda,
y el verde nuevo brotaba
como una verde humareda.

Las nubes iban pasando
sobre el campo juvenil...
Yo vi en las hojas temblando
las frescas lluvias de abril.

Bajo ese almendro florido,
todo cargado de flor
—recordé—, yo he maldecido
mi juventud sin amor.

Hoy, en mitad de la vida,
me he parado a meditar...
¡Juventud nunca vivida,
quién te volviera a soñar!


SONETO (1936-1939)

De mar a mar entre los dos la guerra,
más honda que la mar. En mi parterre,
miro a la mar que el horizonte cierra.
Tú, asomada, Guiomar, a un finisterre,

miras hacia otro mar, la mar de España
que Camoens cantara, tenebrosa.
Acaso a ti mi ausencia te acompaña.
A mí me duele tu recuerdo, diosa.

La guerra dio al amor el tajo fuerte.
Y es la total angustia de la muerte,
con la sombra infecunda de tu llama

y la soñada miel de amor tardío,
y la flor imposible de la rama
que ha sentido del hacha el corte frío.

## SOL DE INVIERNO

Es mediodía. Un parque.
Invierno. Blancas sendas;
simétricos montículos
y ramas esqueléticas.

Bajo el invernadero,
naranjos en maceta,
y en su tonel, pintado
de verde, la palmera.

Un viejecillo dice,
para su capa vieja:
«¡El sol, esta hermosura
de sol!...» Los niños juegan.

El agua de la fuente
resbala, corre y sueña
lamiendo, casi muda,
la verdinosa piedra.


## PROVERBIOS Y CANTARES

### I

Nunca perseguí la gloria
ni dejar en la memoria
de los hombres mi canción;
yo amo los mundos sutiles,
ingrávidos y gentiles
como pompas de jabón.

Me gusta verlos pintarse
de sol y grana, volar
bajo el cielo azul, temblar
súbitamente y quebrarse.

213

## II

Nuestras horas son minutos
cuando esperamos saber,
y siglos cuando sabemos
lo que se puede aprender.

## III

¡Ojos que a la luz se abrieron
un día para, después,
ciegos tornar a la tierra,
hartos de mirar sin ver!

## IV

Es el mejor de los buenos
quien sabe que en esta vida
todo es cuestión de medida:
un poco más, algo menos...

## V

Caminante, son tus huellas
el camino, y nada más;
caminante, no hay camino,
se hace camino al andar.
Al andar se hace camino,
y al volver la vista atrás
se ve la senda que nunca
se ha de volver a pisar.
Caminante, no hay camino,
sino estelas en la mar.

## VI

El que espera desespera,
dice la voz popular.
¡Qué verdad tan verdadera!
La verdad es lo que es,
y sigue siendo verdad
aunque se piense al revés.

# VII

Ya hay un español que quiere
vivir y a vivir empieza,
entre una España que muere
y otra España que bosteza.
Españolito que vienes
al mundo, te guarde Dios.
Una de las dos Españas
ha de helarte el corazón.

# Juan Ramón Jiménez
## (1881-1958)

*Es el poeta. El poeta por excelencia. Pasó toda su vida volcado en la poesía, dedicado a escribir y corregir, corregir y perfeccionar su obra. Y es el primer poeta español al que le concedieron —en 1956— el Premio Nobel. De familia acomodada, Juan Ramón Jiménez nace en Moguer (Huelva), estudia en los jesuitas y después en la Universidad de Sevilla, pero deja sus estudios para dedicarse primero a la pintura y después de lleno a su poesía. Se traslada a Madrid para luchar, con Rubén Darío y Villaespesa, por el modernismo. De salud delicada, tras la muerte de su padre regresa a Moguer. En 1916 se casa con Zenobia Camprubí, una hermosa y culta mujer, que será su compañera literaria. Juntos traducen la obra de Rabindranath Tagore, ya en Madrid. Cuando estalla la Guerra Civil decide irse de España. Viajarán, entonces, por diversos países suramericanos, hasta establecerse en Puerto Rico.*

*La obra de Juan Ramón Jiménez es inmensa. Quizá tenga más de tres mil poemas publicados; de los que existen varias versiones —ya que corregía continuamente— e, incluso, convirtió en prosa alguno de sus libros de versos. Su influencia —su poesía pura— en la Generación del 27 es decisiva. Su evolución poética arranca del modernismo, con toques intimistas y sentimentales procedentes de Bécquer, para ir hacia una lírica de tipo simbolista, más objetiva, y concluir en una poesía filosófica y metafísica.* Diario de un poeta reciéncasado, *de 1917, supone una brusca ruptura con su obra anterior (supresión de adjetivos y de imágenes, verso libre) y ocupa un lugar clave en la poesía española, al igual que* La estación total o Animal de fondo, *libros difíciles, donde*

216

su palabra, que busca la espiritualidad, se concentra. Su libro más divulgado, sin embargo, Platero y yo, está escrito en prosa.

Aquí se han incluido, sobre todo, poemas de la primera época del poeta, que resultan más accesibles, y se ha respetado la peculiar ortografía del poeta, que siempre escribía las «g» con «j». De los cinco poemas inéditos que presentamos, «Despedida» y «¡Qué lejos!» pertenecen a su libro inconcluso Ausencia (1913-14); «Verano en Moguer» y «Su vida...», a Arte menor, de 1909, y «En donde encontraré...» a El corazón en la mano, de 1912.

YO DIJE QUE ME GUSTABA....

Yo dije que me gustaba
—ella me estuvo escuchando—
que, en primavera, el amor
fuera vestido de blanco.

Alzó sus ojos azules
y se me quedó mirando,
con una triste sonrisa
en los virjinales labios.

Siempre que crucé su calle,
al ponerse el sol de mayo
estaba seria, en su puerta,
toda vestida de blanco.


POR EL JARDÍN FLORECIDO...

Por el jardín florecido,
ella reía y cantaba,
cojiendo rosas y rosas,
en el sol de la mañana.

217

Yo, ansioso, toda mi frente
llanto sin salir, miraba
el cielo azul del rocío
que aún temblaba de las ramas
—consuelo para mis ojos
locos, que se imajinaban
que aquellas gotas del cielo
caían de su nostaljia—;
y para que ella no viera
la tristeza de mi alma,
intentando ahogar sus voces,
también reía y cantaba.

¡Y ella se fue con sus rosas,
y yo me fui con mis lágrimas,
detrás de ella, en la gloria
de aquella mañana májica!


SÓLO EL OLOR DE UNAS FLORES…

Sólo el olor de unas flores…
Hoy, al sol dorado y tibio,
mi jardín está llorando
mi casa está de suspiros.

… Las flores huelen a ella;
son de un rosa triste y frívolo,
como aquel rosa con grises
de su cuerpo florecido.

—¡Rosa triste, triste ahora,
alegre ayer, cuando el frío
no era de aquí, cuando el sol
doró el oro del idilio!—

Ayer..., fue su cuerpo rosa,
y mío, y rosa, vestido
de seda blanca, por toda
la casa... Después... ¡Dios mío,
sólo el olor de unas flores!...
este olor que va conmigo,
que huele a ella y no es ella,
que es mudo, que está sombrío...

—¡Y cómo huelen las flores,
cuando una mujer se ha ido,
cuando todo (alma, jardín,
casa) se queda vacío!...—


VIENTO NEGRO, LUNA BLANCA...

> Par délicatesse
> J'ai perdu ma vie.
> Rimbaud.

Viento negro, luna blanca.
Noche de Todos los Santos.
Frío. Las campanas todas
de la tierra están doblando.

El cielo, duro. Y su fondo
da un azul iluminado
de abajo, al romanticismo
de los secos campanarios.

Faroles, flores, coronas
—¡campanas que están doblando!—
... Viento largo, luna grande,
noche de Todos los Santos.

219

... Yo voy muerto, por la luz
agria de las calles; llamo
con todo el cuerpo a la vida;
quiero que me quieran; hablo
a todos los que me han hecho
mudo, y hablo sollozando,
roja de amor esta sangre
desdeñosa de mis labios.

¡Y quiero ser otro, y quiero
tener corazón, y brazos
infinitos, y sonrisas
inmensas, para los llantos
aquellos que dieron lágrimas
por mi culpa!... Pero, ¿acaso
puede hablar de sus rosales
un corazón sepulcrado?
—¡Corazón, estás bien muerto!
¡Mañana es tu aniversario!—

Sentimentalismo, frío.
La ciudad está doblando.
Luna blanca, viento negro.
Noche de Todos los Santos.

## EL VIAJE DEFINITIVO

Y yo me iré. Y se quedarán los pájaros
cantando;
y se quedará mi huerto, con su verde árbol,
y con su pozo blanco.

Todas las tardes, el cielo será azul y plácido;
y tocarán, como esta tarde están tocando,
las campanas del campanario.

Se morirán aquellos que me amaron;
y el pueblo se hará nuevo cada año;
y en el rincón aquel de mi huerto florido y encalado,
mi espíritu errará, nostáljico.

Y yo me iré; y estaré solo, sin hogar, sin árbol
verde, sin pozo blanco,
sin cielo azul y plácido...
Y se quedarán los pájaros cantando.


## SOLEDAD

(1 de febrero)

En ti estás todo, mar, y sin embargo,
¡qué sin ti estás, qué solo,
qué lejos, siempre, de ti mismo!

Abierto en mil heridas, cada instante,
cual mi frente
tus olas van, como mis pensamientos
y vienen, van y vienen,
besándose, apartándose,
en un eterno conocerse,
mar, y desconocerse.

Eres tú, y no lo sabes,
tu corazón te late, y no lo siente...
¡Qué plenitud de soledad, mar solo!


## DESPEDIDA

¿Es el sol quien se va entre la púrpura sucesiva de las
nubes, o tú? Lo luciente, lo vivo, lo risueño, lo reinante
se aleja. ¿Es el sol, o tú, di?
¡Qué lejos! En la tarde, la despedida, parece que el

mundo se dilata desde el corazón al horizonte por donde te vas tú, por donde se va el sol.

Porque todo parece que se va con el sol, y cada irse es un ocaso. ¡Y qué largo el campo que queda entre mi corazón y el sol, digo, entre mi corazón y tú!

## ¡QUÉ LEJOS!

¡Qué lejos tu boca, que estuvo tan cerca! Tan lejos, que ni recuerdo el sonido exacto de tu débil voz. ¿Es verdad que nuestras bocas fueron, una tarde, una, tan dentro en ellas que no nos veíamos los ojos?

Irás y vendrás por estancias en que no he entrado, mirando y hablando a quienes no conozco. Gracias nuevas de tu vida se perderán en la ignorancia de mi alma; y nadie las recordará. Verás caer, de no sé qué balcón abierto, una tarde que no sé.

¡Y pensamos, un día, ser los remos iguales de un blanco barco alegre, las campanas jemelas de una pura torre de felicidad, las alas hermanas de un vivo pájaro de ilusión, ¡ay de ti y de mí!, por un solo mar y un solo cielo de oro!

### VERANO EN MOGUER

El alba, entre espuma rosa,
se levanta, primorosa.

Su desnudez fresca esplende.
Todo lo yergue y lo prende.

Y pone el viejo balcón
de color del corazón.

—El jardín todo es deseo,
como el pecho de Romeo.

Ansía la estancia secreta,
como el alma de Julieta.—

Las brisas jóvenes cantan,
las alondras se levantan...

Desnuda, por tierra rosa,
pesa, sola, el alba hermosa.


SU VIDA...

«Su vida —oí— será un yermo...
¿Qué le resta que esperar?
arruinado... y enfermo...
¡No tiene derecho a amar!»

... Ninguno; verdad; mis flores
más bellas las disipé;
el amor de mis amores
vino... lo dejé... se fue...

Luego se envolvió mi vida
en el desdén al amor...
pisé mi salud florida,
llamé mi hermano al dolor...

Verdad; no tengo derecho
a hacer a nadie sufrir...
sólo me queda mi pecho...
Señor, ya empiezo a vivir...

Sin embargo... pero... ¡nada!
no tengo derecho... ¡no!
la esperanza... así... cerrada...
¡Vamos!... ¿dónde?... qué sé yo...

Cantándole amores, duermo,
como un niño, mi pesar...
arruïnado... y enfermo...
¡no tengo derecho a amar!


EN DÓNDE ENCONTRARÉ...

¿En dónde encontraré el raudal de agua pura
que me limpie mi vida de las lepras pasadas?
Quiero quedarme blanco, radiante de hermosura
¡con una cándidez de rosas no miradas!

¡Oh, cómo pude, cómo, vivir en aquel cieno
en que los otros siguen viviendo! ¡Me da espanto
a mi recuerdo, si pienso qué pudo aquel veneno
dejarme para siempre! ¡Sin dulzura y sin llanto!

Gracias, gracias Señor porque mi realeza
surjió intacta... y haced, ya que lo podéis todo,
que anegue aquella sombra la luz de esta belleza
¡que mi dicha de ahora no se acuerde del lodo!

# PEDRO SALINAS
## (1891-1951)

*Es como el hermano mayor de los poetas de la Generación del 27. Fue profesor en Sevilla, Murcia y Madrid, ciudad donde nació. Fue primer Rector, en 1933, de la Universidad Internacional de Santander (la Menéndez Pelayo de los cursos de verano). Defendió la República, y tras la Guerra Civil se exilió en América. Se le considera uno de los grandes poetas del amor de nuestra literatura, en su trilogía* Razón de amor, La voz a ti debida *y* Largo lamento, *influido por Bécquer y la poesía pura, pero Salinas realiza una síntesis personal en donde mezcla la metafísica con lo cotidiano y concede un protagonismo anímico a los objetos casi domésticos.*

### NO QUIERO QUE TE VAYAS…

No quiero que te vayas,
dolor, última forma
de amar.
Me estoy sintiendo
vivir cuando me dueles
no en mí, ni aquí, más lejos:
en la tierra, en el año
de donde vienes tú,
en el amor con ella
y todo lo que fue.
En esa realidad
hundida que se niega
a sí misma y se empeña
en que nunca ha existido,
que sólo fue un pretexto

mío para vivir.
Si tú no me quedaras,
dolor, irrefutable,
yo me lo creería;
pero me quedas tú.
Tu verdad me asegura
que nada fue mentira.

Y mientras yo te sienta,
tú me serás, dolor,
la prueba de otra vida
en que no me dolías.
La gran prueba, a lo lejos,
de que existió, que existe,
de que me quiso, sí,
de que aún la estoy queriendo.


¿POR QUÉ TE ENTREGAS…?

¿Por qué te entregas tan pronto?

(¡Nostalgia de resistencias
y de porfías robadas!)

Lo que era noche es de día
bruscamente, cual si a Dios,
autor de luz y tiniebla,
se le olvidara el crepúsculo
de las dulces rendiciones.

Cierro brazos, tú los abres.
Huyo. Y me esperas allí,
en ese refugio mismo
donde de ti me escondía.
¡Facilidad, mala novia!

¡Pero me quería tanto…

# JORGE GUILLÉN
## (1893-1984)

*Nacido en Valladolid, fue un gran amigo de Salinas,*
*y como él, lector en la Universidad de París, y profesor*
*en Murcia y Sevilla. Tras exiliarse, dio clases de Litera-*
*tura Española en Estados Unidos. Su poesía es difícil.*
*Es un poeta intelectual, de formas clásicas, que sigue la*
*poesía pura. Su libro* Cántico *(1928), una afirmación de*
*la vida y del mundo bien hecho, creció, en sucesivas*
*ediciones, hasta trescientos poemas, y es una obra cla-*
*ve en la poesía contemporánea. Tras la guerra, sus poe-*
*mas se humanizan —amor, muerte, sufrimiento—, pero*
*siempre conservando la solidez formal. Su obra produ-*
*ce admiración más que emoción; sin embargo, sus últi-*
*mos poemas sobre la vejez y la vida, resultan más hu-*
*manos e inquietantes. Véase el segundo que aquí se in-*
*cluye, escrito en eneasílabos, un verso infrecuente en la*
*literatura española. Agrupó toda su poesía bajo el títu-*
*lo* Aire nuestro. *Fue el primer galardonado con el*
*Premio Cervantes.*

### PERFECCIÓN

Queda curvo el firmamento,
compacto azul, sobre el día.

Es el redondeamiento
del esplendor: mediodía.

Todo es cúpula. Reposa,
central sin querer, la rosa,
a un sol en cenit sujeta.

227

Y tanto se da el presente
que al pie caminante siente
la integridad del planeta.


## CUALQUIER DÍA

… Y será en un día cualquiera,
un día que habré yo cruzado
tantas veces sin que en él viera
su futuro significado.

Para mi calle esa jornada
sonará con el ruido mismo
de costumbre. Mientras, la nada
me alojará en mi propio abismo.
Abismo que yo ignoraré,
que ahora concebir no puedo.
Ay, los ímpetus de mi fe
declinan ante el gran enredo.

Todo queda tan misterioso
con profundidad tan remota
que ni aguardo como un acoso
tal incógnita. No hay derrota.

Me aflige, sí, la perspectiva
de abandonar esta galera.
Lástima que se nos prohíba
la luz desde un día cualquiera.

# GERARDO DIEGO
## (1896-1987)

*Nacido en Santander, fue catedrático de instituto en Soria, Gijón, Santander y Madrid. Participó activamente en los actos de homenaje a Góngora y publicó una antología importantísima,* Poesía española, *que agrupaba a los poetas del 27 y que está considerada como un manifiesto poético del grupo. Desde 1947 fue académico de la Lengua y le concedieron el Premio Cervantes en 1981. Gerardo Diego es un autor que vivió todos los ismos del momento: creacionismo, ultraísmo, surrealismo... En su abundante poesía se alternan las obras más experimentales con otros libros perfectamente clásicos. Algunos de sus poemas, como «Romance del Duero» o «El ciprés de Silos», perviven en la memoria de generaciones.*

ROMANCE DEL DUERO

Río Duero, río Duero,
nadie a acompañarte baja;
nadie se detiene a oír
tu eterna estrofa de agua.

Indiferente o cobarde,
la ciudad vuelve la espalda.
No quiere ver en tu espejo
su muralla desdentada.

Tú, viejo Duero, sonríes
entre tus barbas de plata,
moliendo con tus romances
las cosechas mal logradas.

Y entre los santos de piedra
y los álamos de magia
pasas llevando en tus ondas
palabras de amor, palabras.

Quién pudiera como tú,
a la vez quieto y en marcha,
cantar siempre el mismo verso
pero con distinta agua.

Río Duero, río Duero,
nadie a estar contigo baja,
ya nadie quiere atender
tu eterna estrofa olvidada,

sino los enamorados
que preguntan por sus almas
y siembran en tus espumas
palabras de amor, palabras.


EL CIPRÉS DE SILOS

Enhiesto surtidor de sombra y sueño,
que acongojas el cielo con tu lanza.
Chorro que a las estrellas casi alcanza,
devanado a sí mismo en loco empeño.

Mástil de soledad, prodigio isleño,
flecha de fe, saeta de esperanza.
Hoy llegó a ti, riberas del Arlanza,
peregrina al azar, mi alma sin dueño.

Cuando te vi señero, dulce, firme,
qué ansiedades sentí de diluirme
y ascender como tú, vuelto en cristales,


230

como tú, negra torre de arduos filos,
ejemplo de delirios verticales,
mudo ciprés en el fervor de Silos.


PRIMAVERA

Ayer                                        Mañana
los días niños cantan en mi ventana
Las casas son todas de papel
y van y viven las golondrinas
doblando y desdoblando esquinas

Violadores de rosas
Gozadores perpetuos del marfil de las cosas
Ya tenéis aquí el nido
que en la más bella grúa se os ha construido

Y desde él cantaréis todos
en las manos del viento

                              Mi vida es un limón
                    pero no es amarilla mi canción

                              Limones y planetas
                              en las ramas del sol
                              Cuántas veces cobijasteis
                              la sombra verde de mi amor
                              la sombra verde de mi amor

La primavera nace
y en su cuerpo de luz la lluvia pace
El arco iris brota de la cárcel

Y sobre los tejados
mi mano blanca es un hotel
para palomas de mi cielo infiel

# VICENTE ALEIXANDRE
## (1898-1984)

*En 1977 concedieron a Vicente Aleixandre el premio Nobel, un galardón que quiso reconocer tanto su obra como la importancia de la Generación del 27, medio siglo después de que surgiera oficialmente. Nacido en Sevilla, muy de niño se trasladó a Málaga, su «ciudad del paraíso», y después a Madrid, donde estudió Derecho y Comercio. Sin embargo, una tuberculosis prematura le obligaría a abandonar el trabajo y hacer una vida de reposo. Su casa —en la calle que lleva su nombre de Madrid— se convertiría, tras la guerra y hasta el mismo año de su muerte, en un lugar de peregrinación y de encuentro por donde pasaron los poetas y los aprendices de poetas. Los jóvenes hallaron en él algo más que magisterio: aliento, amistad... La poesía pura de Juan Ramón Jiménez, el neorromanticismo y el surrealismo están presentes en su poesía, vitalista, sensual, oscura pero llena de pequeños fuegos que deslumbran.* Espadas como labios, La destrucción o el amor *y* Sombra del paraíso *son tres libros mayores, cuyo eco aún se oye.*

ADOLESCENCIA

Vinieras y te fueras dulcemente,
de otro camino
a otro camino. Verte,
y ya otra vez no verte.
Pasar por un puente a otro puente.
—El pie breve,
la luz vencida alegre—.

Muchacho que sería yo mirando
aguas abajo la corriente,
y en el espejo tu pasaje
fluir, desvanecerse.


CANCIÓN A UNA MUCHACHA MUERTA

Dime, dime el secreto de tu corazón virgen,
dime el secreto de tu cuerpo bajo tierra;
quiero saber por qué ahora eres un agua,
esas orillas frescas donde unos pies desnudos
                              [se bañan con espuma.

Dime por qué sobre tu pelo suelto,
sobre tu dulce hierba acariciada,
cae, resbala, acaricia, se va
un sol ardiente o reposado que te toca
como un viento que lleva sólo un pájaro o mano.

espera bajo tierra los imposibles pájaros,
esa canción total que por encima de los ojos
hacen los sueños cuando pasan sin ruido.

Oh tú, canción que a un cuerpo muerto o vivo.
que a un ser hermoso que bajo el suelo duerme
cantas color de piedra, color de beso o labio,
cantas como si el nácar durmiera o respirara.

Esa cintura, ese débil volumen de un pecho triste.
ese rizo voluble que ignora el viento,
esos ojos por donde sólo boga el silencio,
esos dientes que son de marfil resguardado,
ese aire que no mueve unas hojas no verdes...

¡Oh tú, cielo riente, que pasas como nube,
oh pájaro feliz, que sobre un hombro ríes;
fuente que, chorro fresco, te enredas con la luna;
césped blando que pisan unos pies adorados!

233

# Dámaso Alonso
## (1898-1990)

*Nacido en Madrid, es el gran crítico de la Generación del 27, profesor de filología, erudito, director de la Real Academia entre 1968 y 1982. Su labor de investigación es vasta y esclarecedora. Destacan sus estudios sobre Góngora, el Romancero y la lírica tradicional. Su poesía anterior a la guerra es menor; pero en 1944 publicó un libro decisivo en la poesía española, que marcaría el camino de varias promociones poéticas:* Hijos de la ira. *Aquí incluimos el famoso poema, escrito en versículos, con el que se inicia. Esta obra rompió el formalismo del verso clásico, el orden positivo y el lenguaje poético de la poesía dominante. «Escribí* Hijos de la ira *—dijo— lleno de asco ante la estéril injusticia del mundo y la total desilusión de ser hombre.» Fue premio Cervantes en 1978.*

CANCIONCILLA

Otros querrán mausoleos
donde cuelguen los trofeos;
donde nadie ha de llorar.

Y yo no los quiero, no
(que lo digo en un cantar),
porque yo

morir quisiera en el viento,
como la gente de mar
en el mar.

Me podrían enterrar
en el amado elemento.

¡Oh, qué dulce descansar
ir sepultado en el viento,
como un capitán del viento;
como un capitán del mar
muerto en medio de la mar!


INSOMNIO

Madrid es una ciudad de más de un millón de
                    [cadáveres (según las últimas estadísticas).
A veces en la noche yo me revuelvo y me incorporo
          en este nicho en el que hace 45 años que
          [me pudro,
y paso largas horas oyendo gemir al huracán, o ladrar
          los perros o fluir blandamente la luz de luna.
Y paso largas horas gimiendo como el huracán ladran-
          do como un perro enfurecido, fluyendo
          como la ubre de la leche caliente de una
          [gran vaca amarilla.
Y paso largas horas preguntándole a Dios, preguntán-
          dole por qué se pudre lentamente mi alma,
por qué se pudren más de un millón de cadáveres en
          [esta ciudad de Madrid,
por qué mil millones de cadáveres se pudren
          [lentamente en el mundo.
Dime, ¿qué huerto quieres abonar con nuestra
          [podredumbre?
¿Temes que se te sequen los grandes rosales del día,
          [las tristes azucenas letales de tus noches?

235

# FEDERICO GARCÍA LORCA
## (1899-1936)

*Es el poeta español contemporáneo más universal. Su trágica muerte —fusilado al comenzar la Guerra Civil— ha contribuido a forjar la leyenda. Tanto sus obras de teatro como sus poemas son muy conocidos por el público. Nacido en Fuentevaqueros (Granada), a los veinte años se traslada a Madrid, en cuya Residencia de Estudiantes vivirá nueve años, haciéndose allí muy amigo del pintor Salvador Dalí y del cineasta Luis Buñuel. Después de un viaje a América, y tras proclamarse en España la República, funda «La Barraca», teatrillo universitario que llevaría a los pueblos las obras clásicas. Ya entonces es un poeta de éxito con su* Romancero gitano *y empieza a triunfar como autor dramático:* Bodas de sangre *y* Yerma, *que estrenará Margarita Xirgu, la gran actriz del momento. Se dedicó también a la música y al dibujo.*

*En su obra se conjuga lo popular con lo intelectual. Sus poesías nunca son fáciles, pero tienen elementos —ritmo, color, imágenes, historias— para llegar al público, incluso sin comprenderlas del todo. Lorca se basa en la tradición más arraigada: las letrillas de lírica tradicional, los romances y los sonetos, para construir su obra, siempre con un acento muy personal, dando a lo andaluz una categoría universal. Su libro* Poeta en Nueva York *es totalmente surrealista, y resulta difícil. El primer poema incluido aquí, «Alba», escrito en su primera época, tiene influencia del primer Juan Ramón Jiménez. Le siguen dos canciones, donde se aprecia el duende y la gracia de Lorca; después, uno de los títulos más conocidos de* Romancero gitano *y, finalmente, un texto de su libro póstumo* Sonetos del amor oscuro.

## ALBA

Mi corazón oprimido
siente junto a la alborada
el dolor de sus amores
y el sueño de las distancias.

La luz de la aurora lleva
semilleros de nostalgias
y la tristeza sin ojos
de la médula del alma.

La gran tumba de la noche
su negro velo levanta
para ocultar con el día
la inmensa cumbre estrellada.

¡Qué haré yo sobre estos campos
cogiendo nidos y ramas,
rodeado de la aurora
y llena de noche el alma!

¡Qué haré si tienes tus ojos
muertos a las luces claras
y no ha de sentir mi carne
el calor de tus miradas!

¿Por qué te perdí por siempre
en aquella tarde clara?
Hoy mi pecho está reseco
como una estrella apagada.


## ES VERDAD

¡Ay qué trabajo me cuesta
quererte como te quiero!

Por tu amor me duele el aire,
el corazón
y el sombrero.

¿Quién me compraría a mí
este cintillo que tengo
y esta tristeza de hilo
blanco, para hacer pañuelos?

¡Ay qué trabajo me cuesta
quererte como te quiero!


### PRIMER ANIVERSARIO

La niña va por mi frente.
¡Oh, qué antiguo sentimiento!

¿De qué me sirve, pregunto,
la tinta, el papel y el verso?

Carne tuya me parece,
rojo lirio, junco fresco.

Morena de luna llena.
¿Qué quieres de mi deseo?


### PRENDIMIENTO DE ANTOÑITO EL CAMBORIO

Antonio Torres Heredia,
hijo y nieto de Camborios,
con una vara de mimbre
va a Sevilla a ver los toros.
Moreno de verde luna,
anda despacio y garboso.
Sus empavonados bucles

le brillan entre los ojos.
A la mitad del camino
cortó limones redondos,
y los fue tirando al agua
hasta que la puso de oro.
Y a la mitad del camino,
bajo las ramas de un olmo,
guardia civil caminera
lo llevó codo con codo.
El día se va despacio,
la tarde colgada a un hombro,
dando una larga torera
sobre el mar y los arroyos.
Las aceitunas aguardan
la noche de Capricornio,
y una corta brisa, ecuestre,
salta los montes de plomo.
Antonio Torres Heredia,
hijo y nieto de Camborios,
viene sin vara de mimbre
entre los cinco tricornios.

—Antonio, ¿quién eres tú?
Si te llamaras Camborio,
hubieras hecho una fuente
de sangre con cinco chorros.
Ni tú eres hijo de nadie,
ni legítimo Camborio.
¡Se acabaron los gitanos
que iban por el monte solos!
Están los viejos cuchillos
tiritando bajo el polvo.

A las nueve de la noche
lo llevan al calabozo,
mientras los guardias civiles
beben limonada todos.

Y a las nueve de la noche
le cierran el calabozo,
mientras el cielo reluce
como la grupa de un potro.


## EL POETA PIDE A SU AMOR QUE LE ESCRIBA

Amor de mis entrañas, viva muerte,
en vano espero tu palabra escrita
y pienso, con la flor que se marchita,
que si vivo sin mí quiero perderte.

El aire es inmortal, la piedra inerte
ni conoce la sombra ni él la evita.
Corazón interior no necesita
la miel helada que la luna vierte.

Pero yo te sufrí, rasgué mis venas,
tigre y paloma, sobre tu cintura
en duelo de mordiscos y azucenas.

Llena, pues, de palabras mi locura
o déjame vivir en mi serena
noche del alma para siempre oscura.

# LUIS CERNUDA
## (1902-1963)

*Nacido en Sevilla, fue alumno de Pedro Salinas. Sus primeros versos acusan la influencia de Jorge Guillén, a la que seguirá una etapa surrealista (véase el segundo poema). Tras la guerra y su exilio en Estados Unidos y México, su poesía —más próxima a la lírica inglesa que a la española— alcanzará una voz personal, y una capacidad de reflexión y sugerencias que planea sobre los poetas jóvenes de hoy. Fue profesor de Literatura; pero su vida y su obra están marcadas por ese eterno conflicto entre la realidad y el deseo. Precisamente bajo La realidad y el deseo reunió su poesía completa. Los títulos de sus libros ya nos dan una idea de su dolorido sentir*: Donde habite el olvido, Vivir sin estar viviendo, Con las horas contadas, Los placeres prohibidos... *Ni en su vida ni en su obra ocultó su homosexualidad, lo que a veces puede explicar su desacuerdo con el mundo y su rebeldía inútil, amarga. Tiene afinidades con Bécquer en la expresión íntima del amor y el tono de desengaño. Cernuda siempre se sintió extranjero, incomprendido. El poema dedicado a sus paisanos, que cierra sus poesías, comienza:* «No me queréis, lo sé, y que os molesta/cuanto escribo. ¿Os molesta? Os ofende...»

## DESPUÉS DE HABLAR

No sabes guardar silencio
con tu amor. ¿Es que le importa
a los otros? Pues gozaste
callado, callado ahora

sufre, pero nada digas.
Es el amor de una esencia

241

que se corrompe al hablarlo:
en el silencio se engendra,
por el silencio se nutre,

y con silencio se abre
como una flor. No lo digas;
súfrelo en ti, pero cállate.

Si va a morir, con él muere;
si va a vivir, con él vive.
Entre muerte y vida, calla,
porque testigos no admite.

## NO DECÍA PALABRAS…

No decía palabras,
acercaba tan sólo un cuerpo interrogante,
porque ignoraba que el deseo es una pregunta
cuya respuesta no existe,
una hoja cuya rama no existe,
un mundo cuyo cielo no existe.

La angustia se abre paso entre los huesos,
remonta por las venas
hasta abrirse en la piel,
surtidores de sueño
hechos carne en interrogación vuelta a las nubes.

Un roce al paso,
una mirada fugaz entre las sombras,
bastan para que el cuerpo se abra en dos,
ávido de recibir en sí mismo
otro cuerpo que sueñe;
mitad y mitad, sueño y sueño, carne y carne,
iguales en figura, iguales en amor, iguales en deseo.

Auque sólo sea una esperanza,
porque el deseo es pregunta cuya respuesta nadie sabe.

# Rafael Alberti
## (1902)

Es el poeta que ha sobrevivido largamente a todos los de su generación. Casi centenario, continúa escribiendo. Su vocación poética le surgió, de joven, cuando estaba internado en un sanatorio a causa de una tuberculosis. Allí empezó a escribir para entretenerse, dejando en un segundo plano la pintura que hasta entonces era su verdadera afición. Sin embargo, nunca la abandonó, y tiene dos libros poéticos dedicados a la pintura y a Picasso. En sus primeras obras se aprecia una marcada influencia de la lírica popular medieval, de Gil Vicente y de Juan Ramón Jiménez; para pasar —después— por una etapa neogongorista, otra clásica y tocar el surrealismo con Sobre los ángeles. A partir de 1930 adopta una actitud de compromiso político, tanto en su vida como en su poesía, fundando con su mujer, María Teresa León, la revista revolucionaria Octubre. Durante la guerra se alista como voluntario en la aviación republicana. Cuando finaliza la guerra, tiene que exiliarse y vivirá, fundamentalmente, en Buenos Aires y Roma, escribiendo poemas —ver «Canción 8»— llenos de nostalgia. Tras la muerte de Franco, regresa a España, es elegido diputado por el Partido Comunista, pero en seguida dejará la política para dedicarse por completo a su poesía, dando recitales con la actriz Nuria Espert. Es premio Lenin 1966 y premio Cervantes 1983.

Rafael Alberti tiene una obra amplia y desigual; es un poeta que ha sabido aunar corrientes muy distintas, imprimiéndolas una voz propia. Su poesía, de difícil sencillez, posee una gracia natural y gran poder evocador. Aquí hemos elegido poemas de amor y de nostalgia.

## UN ARABESCO PARA AITANA

Niña mía, preciosa
flor bailable del aire, delicada
inasible,
alada,
desalada mariposa,
quebradizo
junco de luz, imperceptible
hebra de sol, cabello
tornadizo.

Estoy solo sin ti,
pero un destello
de ti brinca ante mí,
se me enreda en el cuello.
Quiero tocarlo,
soplar para mirarlo,
para verlo
volar, volar, volar
y retenerlo
antes de diluirse,
perderse, convertirse
en espuma de mar.


### PIRATA

Pirata de mar y cielo,
si no fui ya, lo seré.

Si no robé la aurora de los mares,
si no la robé,
ya la robaré.

Pirata de cielo y mar,
sobre un cazatorpederos,

con seis fuertes marineros,
alternos, de tres en tres.

Si no robé la aurora de los cielos,
si no la robé,
ya la robaré.

CANCIÓN 8

Hoy las nubes me trajeron,
volando el mapa de España.
¡Qué pequeño sobre el río,
y qué grande sobre el pasto
la sombra que proyectaba!

Se le llenó de caballos
la sombra que proyectaba.
Yo, a caballo, por su sombra
busqué mi pueblo y mi casa.

Entré en el patio que un día
fuera una fuente con agua.
Aunque no estaba la fuente,
la fuente siempre sonaba.
Y el agua que no corría
volvió para darme agua.

# V
# Nuestros contemporáneos
## (desde 1937)

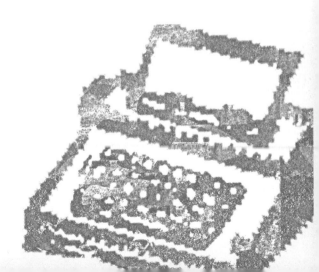

EL panorama de la poesía de nuestro tiempo está marcado por el tremendo golpe que supuso la Guerra Civil española (1936-1939). Nada será igual a partir de entonces. También, en poesía. Por lo pronto, en estos años de conflicto bélico mueren grandes figuras: Miguel de Unamuno; Antonio Machado, camino del exilio; García Lorca, asesinado, y poco tiempo después, en 1942, en la cárcel, después de tres años de doloroso encierro, Miguel Hernández, el «hermano menor» de la Generación del 27, cuya poesía profundamente humana se inscribe más en la inmediata posguerra, lo que se ha llamado la Promoción del 36. Ya hemos señalado, además, que una parte de los grandes poetas del período anterior tienen que exiliarse. El panorama poético quedará, por tanto, reducido o empobrecido.

Sin embargo, en estos años difíciles de profunda miseria, de injusticias y de enfrentamientos entre vencedores y vencidos, el número de poetas crece de manera tan considerable, que trataremos de agruparlos genéricamente según las principales tendencias poéticas.

El primer núcleo de poetas, que se encuadra en el bando de los vencedores, se agrupa en torno a las revistas *Escorial*, 1940, dirigida por Dionisio Ridruejo, y *Garcilaso*, 1943, de José García Nieto. La nueva estética que propugnan sigue las huellas de Garcilaso de la Vega y ciertos autores del Siglo de Oro, con un predominio del soneto. Tras el caos de la guerra, estos poetas buscan el orden, la armonía del mundo, y se inspiran en lo cotidiano, que tratan con sencillez. Sus preocupaciones temáticas son la religión, la familia, el paisaje y España, pero no en un sentido crítico, sino patriótico, de evocación de la raza y de la antigua grandeza. Vuelven sus ojos al Imperio y al Renacimiento, en donde

249

España era el centro del mundo conocido. Son un grupo de amigos, la mayoría falangistas, cuyos nombres más representativos, aparte de los ya citados, son Luis Rosales, Leopoldo Panero y Luis Felipe Vivanco. Representan una de las corrientes de aquel tiempo: la llamada «poesía arraigada».

La corriente contraria surge como un movimiento de ruptura de esta ordenada y serena visión del mundo. Es la poesía desarraigada, y supone un grito de protesta, de rebelión —individual— ante la realidad circundante. La publicación en 1944 de *Hijos de la ira,* de Damaso Alonso, fue la voz que despertó, o empujó, a estos poetas inconformistas, que se agruparon en torno a la revista —también de 1944— *Españada,* de León. Eugenio de Nora y Victoriano Crémer son sus impulsores y los más genuinos representantes de esta tendencia, que emplea un lenguaje abrupto, coloquial, el verso libre, y a veces el versículo.

La poesía desarraigada desembocaría, en los años cincuenta, en la poesía social, de la que Gabriel Celaya es su poeta más popular. No obstante, el que mejor sintetiza —de una forma original y muy expresiva— la poesía desarraigada, social y hasta existencial, es Blas de Otero, uno de los mejores poetas contemporáneos. Otro nombre fundamental de este período es José Hierro, que también cultiva estas tendencias citadas, pero de una manera diluida. Su poesía se adelanta y enlaza, en cierto modo, con la poesía confesional inmediata y la poesía de la experiencia de los años ochenta.

Paralelamente a estas tendencias dominantes, surgen grupos aislados, movimientos minoritarios y a contracorriente que, por lo general, serán meros intentos de hacer algo diferente y pasarán desapercibidos durante mucho tiempo. El más importante es el del grupo Cántico, que se inició en Córdoba, en 1947, alrededor de esta revista. Son herederos de Jorge Guillén, Luis Cernuda y de Vicente Aleixandre, que en 1944 había publicado un libro importante y de gran influencia, *Sombra del paraíso.* La poesía del grupo Cántico es íntima, pero vitalista y sensual, llena de colorido. Y sus máximos representantes, Pablo García Baena y Ricardo Molina, vivirán olvidados hasta que en los años setenta se les empieza a descubrir y reivindicar.

Finalmente, concluimos esta breve visión de nuestra poesía actual, con los poetas del medio siglo —es entonces cuando aparecen sus primeros libros—, también llamados Promoción del 60 y hasta Generación del 50, que representan, como grupo, la poesía más destacada de la posguerra y son los autores que más están influyendo en los poetas de hoy. Cada uno tiene una voz singular, pero todos ellos coinciden en concebir la poesía como conocimiento del yo y del entorno. Su tono suele ser conversacional, aparentemente espontáneo, mezclando lenguaje culto y expresiones coloquiales. Miran la vida con un sabio escepticismo y hablan de sí mismos sin caer demasiado en el retrato personalista, es más bien una confesión generacional o colectiva. Recurren con frecuencia a la ironía y hasta la autoburla, como Jaime Gil de Biedma, su representante más destacado; aunque todos gozan de unánime reconocimiento: José Agustín Goytisolo, Claudio Rodríguez, Ángel González, José Ángel Valente, Francisco Brines, José Manuel Caballero Bonald....

Tras estos poetas del medio siglo llegarán, en los años setenta, los novísimos; y en los ochenta, la poesía de la experiencia, pero son movimientos demasiado cercanos y nos falta una perspectiva para valorar —y destacar a sus más altos representantes— con objetividad. Es preferible, por tanto, dejar aquí el recorrido histórico de la poesía española, que cerramos con un hermoso poema, que, convertido en canción, fue casi un himno sentimental o generacional: *Palabras para Julia.*

# MIGUEL HERNÁNDEZ
## (1910-1942)

Nacido en Orihuela (Alicante), desde muy joven comenzó a entusiasmarse por la poesía, leyendo a los clásicos del Siglo de Oro y participando en revistas y tertulias. Tuvo que dejar de estudiar para ayudar a su padre, trabajando como pastor de cabras. Al llegar a Madrid, colaboró en la enciclopedia Los Toros, que preparaba José María Cossío para Espasa Calpe. Entró en contacto con los poetas del 27, de los que fue amigo; especialmente, de Vicente Aleixandre. También conocería a Pablo Neruda, el poeta chileno comunista, cuya influencia sería decisiva para su evolución ideológica. Su preocupación social se convirtió en militante. Al estallar la Guerra Civil se alistó voluntario en el ejército republicano, y escribió poesía comprometida: «La juventud siempre empuja, / la juventud siempre vence, / y la salvación de España / de su juventud depende», dice en el largo poema «Llamo a la juventud». Tras la guerra —1939— fue encarcelado, y su condena a muerte conmutada por la de cadena perpetua. Murió a los tres años —marzo de 1942—, después de una penosa enfermedad, acordándose siempre de su hijo y de su mujer, a quien en uno de los poemas le dice: «Oasis es tu boca / donde no he de beber.»

Miguel Hernández es uno de los poetas más queridos de este siglo. Su humanidad, su arrojo, su rebeldía contra la injusticia, y después, su viril orgullo y la aceptación serena del sufrimiento le convierten en un ser admirable. Se le considera el hermano menor de la Generación del 27. Sin embargo —a pesar del barroquismo de sus dos primeros libros—, su poesía, tremendamente humana, servirá de enlace con tendencias posteriores. En nuestra

selección hemos comenzado con un soneto poco conocido, para seguir con dos poemas de El rayo que no cesa
—la pena y el dolor—, un soneto de amor y la «Elegía a
Ramón Sijé», una obra cumbre de este tipo de poesía,
que conecta con las Coplas a la muerte... de Jorge
Manrique. Sus audaces comparaciones, sus imágenes
exageradas transmiten un profundo dolor. También hemos incluido un poema de guerra, rabioso y muy expresi-
vo: «Los cobardes», y tres poemas escritos en prisión: una
evocación de su mujer, un canto esperanzado a su hijo
—una vida que nace cuando la suya está al borde de la
muerte— al cumplir los dos años, y la «Canción última»,
donde el poeta, el hombre, sigue conservando esa entere-
za y dignidad que habían marcado su vida y su poesía.


A TI, LLAMADA IMPROPIAMENTE ROSA...


A ti, llamada impropiamente Rosa,
impropiamente, Rosa, impropiamente,
rosa desde los pies hasta la frente
que te deshojarás al ser esposa.

Propia de rosas es tu piel de rosa,
de cáliz y de pétalo caliente;
pero es tu piel de rosa indiferente
otra rosada y diferente cosa.

Te llamas Rosa; si lo eres, dime:
¿dónde están las espinas, los dolores,
con que todas las rosas se defienden?

Por ser esposo de una rosa gime
mi cuerpo de claveles labradores,
y ansias de ser rosal de ti lo encienden.

Tengo estos huesos hechos a las penas
y a las cavilaciones estas sienes:
pena que vas, cavilación que vienes
como el mar de la playa a las arenas.

Como el mar de la playa a las arenas,
voy en este naufragio de vaivenes
por una noche oscura de sartenes
redondas, pobres, tristes y morenas.

Nadie me salvará de este naufragio
si no es tu amor, la tabla que procuro,
si no es tu voz, el norte que pretendo.

Eludiendo por eso el mal presagio
de que ni en ti siquiera habré seguro,
voy entre pena y pena sonriendo.


## ELEGÍA

(En Orihuela, su pueblo y el mío, se me ha muerto como del rayo
Ramón Sijé, con quien tanto quería)


Yo quiero ser llorando el hortelano
de la tierra que ocupas y estercolas,
compañero del alma, tan temprano.

Alimentando lluvias, caracoles
y órganos mi dolor sin instrumento,
a las desalentadas amapolas

daré tu corazón por alimento.
Tanto dolor se agrupa en mi costado,
que por doler me duele hasta el aliento.

Un manotazo duro, un golpe helado,
un hachazo invisible y homicida,
un empujón brutal te ha derribado.

No hay extensión más grande que mi herida,
lloro mi desventura y sus conjuntos
y siento más tu muerte que mi vida.

Ando sobre rastrojos de difuntos,
y sin calor de nadie y sin consuelo
voy de mi corazón a mis asuntos.

Temprano levantó la muerte el vuelo,
temprano madrugó la madrugada,
temprano estás rodando por el suelo.

No perdono a la muerte enamorada,
no perdono a la vida desatenta,
no perdono a la tierra ni a la nada.

En mis manos levanto una tormenta
de piedras, rayos y hachas estridentes
sedienta de catástrofes y hambrienta.

Quiero escarbar la tierra con los dientes,
quiero apartar la tierra parte a parte
a dentelladas secas y calientes.

Quiero minar la tierra hasta encontrarte
y besarte la noble calavera
y desamordazarte y regresarte.

Volverás a mi huerto y a mi higuera:
por los altos andamios de las flores
pajareará tu alma colmenera

de angelicales ceras y labores.
Volverás al arrullo de las rejas
de los enamorados labradores.

Alegrarás la sombra de mis cejas,
y tu sangre se irán a cada lado
disputando tu novia y las abejas.

Tu corazón, ya terciopelo ajado,
llama a un campo de almendras espumosas
mi avariciosa voz de enamorado.

A las aladas almas de las rosas
del almendro de nata te requiero,
que tenemos que hablar de muchas cosas,
compañero del alma; compañero.


LOS COBARDES

Hombres veo que de hombres
sólo tienen, sólo gastan
el parecer y el cigarro,
el pantalón y la barba.

En el corazón son liebres,
gallinas en las entrañas,
galgos de rápido vientre,
que en épocas de paz ladran
y en épocas de cañones
desaparecen del mapa.

Estos hombres, estas liebres,
comisarios de la alarma,
cuando escuchan a cien leguas
el estruendo de las balas,
con singular heroísmo

a la carrera se lanzan,
se les alborota el ano,
el pelo se les espanta.

Valientemente se esconden,
gallardamente se escapan
del campo de los peligros
estas fugitivas cacas,
que me duelen hace tiempo
en los cojones del alma.

¿Dónde iréis que no vayáis
a la muerte, liebres pálidas,
podencos de poca fe
y de demasiadas patas?
¿No os avergüenza mirar
en tanto lugar de España
a tanta mujer serena
bajo tantas amenazas? [...]

Solos se quedan los hombres
al calor de las batallas,
y vosotros lejos de ellas,
queréis ocultar la infamia,
pero el color de cobardes
no se os irá de la cara.

Ocupad los tristes puestos
de la triste telaraña.
Sustituid a la escoba,
y barred con vuestras nalgas
la mierda que vais dejando
donde colocáis la planta.

Con dos años, dos flores
cumples ahora.
Dos alondras llenando
toda tu aurora.

Niño radiante;
va mi sangre contigo
siempre adelante.

Sangre mía, adelante,
no retrocedas.
La luz rueda en el mundo,
mientras tú ruedas.

Todo te mueve,
universo de un cuerpo
dorado y leve.

Herramienta es tu risa,
luz que proclama
la victoria del trigo
sobre la grama.
Ríe. Contigo
venceré siempre al tiempo
que es mi enemigo.


CANCIÓN ÚLTIMA

Pintada, no vacía;
pintada está mi casa
del color de las grandes
pasiones y desgracias.

Regresará del llanto
adonde fue llevada

con su desierta mesa,
con su ruinosa cama.

Florecerán los besos
sobre las almohadas.
Y en torno de los cuerpos
elevará la sábana
su intensa enredadera
nocturna, perfumada.

El odio se amortigua
detrás de la ventana.

Será la garra suave.

Dejadme la esperanza.

# LEOPOLDO PANERO
## (1909-1962)

*Nacido en Astorga (León), estudió leyes. Como poeta, entró en contacto con la vanguardia de la Generación del 27; pero tras la guerra se volverá clásico y será uno de los representantes más significativos de la llamada poesía arraigada y de la tendencia oficialista de la cultura española. Estuvo vinculado a la revista* Escorial *y, como todos los poetas que se movieron en ese entorno, sus temas giran en torno a la familia, Dios (la religión, la muerte) y el paisaje. En 1953 publicó* Canto personal, *una defensa de la civilización española, en respuesta al libro* Canto general *de Pablo Neruda, que atacaba la colonización de América. Nuestra selección comienza con un poema apenas conocido —«La madre»— de una belleza profunda, conmovedora.*

### LA MADRE

La madre va quedándose borrada...
Su amor es tan grandioso
que sabe que querer es irse haciendo
cada vez más pequeña
junto al hijo.

    Y mirarlo
alzando su cabeza un poco atónita
de que el tallo haya sido en un instante
el tronco que cobija y que da sombra
a la familia entera.

Y dulcemente
ver que se aleja y sonreír un poco
a través de unas lágrimas tranquilas.

　　Y sentir que este ha sido su destino
y no quejarse nunca a Dios por ello...


## A MIS HERMANAS

Estamos siempre solos. Cae el viento
entre los encinares y la vega.
A nuestro corazón el ruido llega
del campo silencioso y polvoriento.

Alguien cuenta, sin voz, el viejo cuento
de nuestra infancia, y nuestra sombra juega
trágicamente a la gallina ciega;
y una mano nos coge el pensamiento.

Ángel, Ricardo, Juan, abuelo, abuela,
nos tocan levemente, y sin palabras
nos hablan, nos tropiezan, les tocamos.

¡Estamos siempre solos, siempre en vela,
esperando, Señor, a que nos abras
los ojos para ver, mientras jugamos!


## EPITAFIO

Ha muerto
acribillado por los besos de sus hijos,
absuelto por los ojos más dulcemente azules
y con el corazón más tranquilo que otros días,
el poeta Leopoldo Panero
que nació en Astorga,
y maduró su vida bajo el silencio de una encina.

Que amó mucho,
bebió mucho y ahora
vendados sus ojos,
espera la resurrección de la carne
aquí, bajo esta piedra.

# BLAS DE OTERO
## (1919-1979)

*Es uno de los grandes poetas de posguerra, con una voz personalísima. Nacido en Bilbao, estudió Derecho, pero nunca ejerció: trabajó en una fábrica, fue minero y, finalmente, profesor. Vivió en París y La Habana; viajó a Rusia y China, y dio recitales poéticos por toda España. En contra de la tendencia minoritaria de la poesía, propugnada por Juan Ramón Jiménez, Otero defendía una poesía para «la inmensa mayoría». Sus inquietudes religiosas son visibles ya en su primer libro (homenaje a san Juan de la Cruz), pero evoluciona hacia una rebeldía espiritual —contra Dios— y existencialista: ¿Qué hace el hombre en la vida? Posteriormente, el tema de España fue su gran preocupación. Su poesía, con un eterno aire de rebelde y solidario, refleja tanto el vacío y la soledad del hombre como la lucha social. Los títulos de sus libros son ya de por sí representativos de sus intenciones:* Ángel fieramente humano, Pido la paz y la palabra, Que trata de España… *Renovó el texto poético; juegos de palabras, paralelismos, retruécanos, encabalgamientos feroces y un lenguaje entre pulido y coloquial, brillante y vulgar, de gran expresividad. También empleó con soltura el verso libre. Los poemas elegidos siguen su evolución temática.*

HOMBRE

Luchando, cuerpo a cuerpo, con la muerte,
al borde del abismo, estoy clamando
a Dios. Y su silencio, retumbando,
ahoga mi voz en el vacío inerte.

Oh Dios. Si he de morir, quiero tenerte
despierto. Y, noche a noche, no sé cuándo
oirás mi voz. Oh Dios. Estoy hablando
solo. Arañando sombras para verte.

Alzo la mano, y tú me la cercenas.
Abro los ojos: me los sajas vivos.
Sed tengo, y sal se vuelven tus arenas.

Esto es ser hombre: horror a manos llenas.
Ser —y no ser— eternos, fugitivos.
¡Ángel con grandes alas de cadenas!


## EN EL PRINCIPIO

Si he perdido la vida, el tiempo, todo
lo que tiré, como un anillo, al agua,
si he perdido la voz en la maleza,
me queda la palabra.

Si he sufrido la sed, el hambre, todo
lo que era mío y resultó ser nada,
si he segado las sombras en silencio,
me queda la palabra.

Si abrí los labios para ver el rostro
puro y terrible de mi patria,
si abrí los labios hasta desgarrármelos,
me queda la palabra.


## EN CASTELLANO

Aquí tenéis mi voz
alzada contra el cielo de los dioses absurdos,
mi voz apedreando las puertas de la muerte
con cantos que son duras verdades como puños.

Él ha muerto hace tiempo, antes de ayer. Ya hiede.
Aquí tenéis mi voz zarpando hacia el futuro.
Adelantando el paso a través de las ruinas,
hermosa como un viaje alrededor del mundo.

Mucho he sufrido: en este tiempo, todos
hemos sufrido mucho.
Yo levanto una copa de alegría en las manos,
en pie contra el crepúsculo.

Borradlo. Labraremos la paz, la paz, la paz,
a fuerza de caricias, a puñetazos puros.
Aquí os dejo mi voz escrita en castellano.
España, no te olvides que hemos sufrido juntos.


### INERME

Aún no nos damos por vencidos. Dicen
que se perdió una guerra. No sé nada
de ayer. Quiero una España mañanada
donde el odio y el hoy no maniaticen.

Ínclitas guerras paupérrimas, sangre
infecunda. Perdida. (No sé nada,
nada.) Ganada (no sé) nada, nada:
este es el seco eco de la sangre.

Por qué he nacido en esta tierra. Ruego
borren la sangre para siempre. Luego
hablaremos. Yo hablo con la tierra

inerme. Y como soy un pobre obrero
de la palabra, un mínimo minero
de la paz, no sé nada de la guerra.

Porque vivir se ha puesto al rojo vivo.
(Siempre la sangre, oh Dios, fue colorada.)
Digo vivir, vivir como si nada
hubiese de quedar de lo que escribo.

Porque escribir es viento fugitivo,
y publicar, columna arrinconada.
Digo vivir, vivir a pulso, airada-
mente morir, citar desde el estribo.

Vuelvo a la vida con mi muerte al hombro,
abominando cuanto he escrito: escombro
del hombre aquel que fui cuando callaba.

Ahora vuelvo a mi ser, torno a mi obra
más inmortal: aquella fiesta brava
del vivir y el morir. Lo demás sobra.

# GABRIEL CELAYA
## (1911-1991)

*Su amplia producción es la más representativa de la poesía social, reflejada de un modo muy evidente —casi como un programa de acción— en su libro* Cantos iberos, *de 1955. Un año después dejará el trabajo de ingeniero, y abandona su San Sebastián natal para trasladarse a Madrid, donde se dedicará sólo a la poesía. Quizá sea el poeta de posguerra con mayor producción poética, cuya calidad resulta desigual. Junto a las preocupaciones políticas y sociales, en su obra está muy presente el amor y la amistad. Su poesía ha pasado por distintas tendencias, desde el prosaísmo a la experimentación. Aquí incluimos un poema sencillo, íntimo, y otro, muy conocido, casi épico, de* Cantos iberos, *que resume su idea de lo que debía ser la poesía en aquellos momentos.*

A SOLAS SOY ALGUIEN

A solas soy alguien.
En la calle, nadie.

A solas medito,
siento que me crezco.
Le hablo a Dios. Responde
cóncavo el silencio.
Pero aguanta siempre,
firme frente al hueco,
este su seguro
servidor sin miedo.

A solas soy alguien,
valgo lo que valgo.
En la calle, nadie
vale lo que vale.

En la calle reinan
timbres, truenos, trenes
de anuncios y focos,
de absurdos peleles.
Pasan gabardinas,
pasan hombres «ene».
Todos son como uno,
pobres diablos: gente.

En la calle, nadie
vale lo que vale,
pero a solas todos
resultamos alguien.

A solas existo,
a solas me siento,
a solas parezco
ricos de secretos.
En la calle, todos
me hacen más pequeño
y al sumarme a ellos,
la suma da cero.

A solas soy alguien,
valgo lo que valgo.
En la calle, nadie
vale lo que vale.

A solas soy alguien,
entiendo a los otros.
Lo que existe fuera,
dentro de mí doblo.

En la calle, todos
nos sentimos solos,
nos sentimos nadie,
nos sentimos locos.

A solas soy alguien.
En la calle, nadie.

## LA POESÍA ES UN ARMA CARGADA DE FUTURO

[...] Poesía para el pobre, poesía necesaria
como el pan de cada día,
como el aire que exigimos trece veces por minuto,
para ser y en tanto somos dar un sí que glorifica.

Maldigo la poesía concebida como un lujo
cultural por los neutrales
que, lavándose las manos, se desentienden y evaden.
Maldigo la poesía de quien no toma partido hasta
                    [mancharse.

Hago mías las faltas. Siento en mí a cuantos sufren
y canto respirando.
Canto, y canto, y cantando más allá de mis penas
personales, me ensancho.

Quisiera daros vida, provocar nuevos actos,
y calculo por eso, con técnica, que puedo.
Me siento un ingeniero del verso y un obrero
que trabaja con otros a España en sus aceros.

Tal es mi poesía: Poesía-herramienta
a la vez que latido de lo unánime y ciego.
Tal es, arma cargada de futuro expansivo
con que te apunto al pecho.

No es una poesía gota a gota pensada.
No es un bello producto. No es un fruto perfecto.
Es algo como el aire que todos respiramos,
y es el canto que espacia cuanto dentro llevamos.

Son palabras que todos repetimos sintiendo
como nuestras, y vuelan. Son más que lo mentado.
Son lo más necesario: Lo que no tiene nombre.
Son gritos en el cielo, y en la tierra son actos.

# JOSÉ HIERRO
(1922)

Nació y vive en Madrid, pero su infancia y juventud transcurren en Santander. A los veinticinco años obtuvo el premio Adonais con Alegría una importante obra que expresa su fe en la vida, su conciencia de estar vivo, y que comenzaba con: «Llegué por el dolor a la alegría...» Fue el primer autor al que concedieron el Príncipe de Asturias y en 1998 recibió el premio Cervantes. Su poesía completa está agrupada en un libro titulado Cuanto sé de mí. En su obra se mezclan las preocupaciones existenciales, sociales y personales, pero siempre con una voz propia, original, y un tono coloquial —conversacional— que no oculta su elaborada técnica, su cuidado formal, y la elección de metros infrecuentes. Sus poemas se pueden dividir en lo que él llama «reportajes», testimonios directos, y las «alucinaciones», composiciones más irracionales donde se habla vagamente de sentimientos, como este Acelerando, uno de los más bellos poemas contemporáneos, en donde la cotidianidad del amor y la fugacidad del tiempo —dos ejes que marcan su obra— son los protagonistas absolutos. Pocas veces se ha contado una historia de amor —desde el enamoramiento hasta la vejez— de un modo tan intenso. Estremecedor, igual que su último poema: «Vida».

## LAS NUBES

Inútilmente interrogas.
Tus ojos miran al cielo.
Buscas, detrás de las nubes,
huellas que se llevó el viento.

Buscas las manos calientes,
los rostros de los que fueron,
el círculo donde yerran
tocando sus instrumentos.

Nubes que eran ritmo, canto
sin final y sin comienzo,
campanas de espumas pálidas
volteando su secreto,

palmas de mármol, criaturas
girando al compás del tiempo,
imitándole a la vida
su perpetuo movimiento.

Inútilmente interrogas
desde tus párpados ciegos.
¿Qué haces mirando a las nubes,
José Hierro?

## ACELERANDO

Aquí, en este momento, se termina todo,
se detiene la vida. Han florecido luces amarillas
a nuestros pies, no sé si estrellas. Silenciosa
cae la lluvia sobre el amor, sobre el remordimiento.
Nos besamos en carne viva. Bendita lluvia
en la noche, jadeando en la hierba,
trayendo en hilos aroma de las nubes,
poniendo en nuestra carne su dentadura fresca.
Y el mar sonaba. Tal vez fuese su espectro.
Porque eran miles de kilómetros
los que nos separaban de las olas.
Y lo peor: miles de días pasados y futuros nos separaban.
Descendían en la sombra las escaleras.
Dios sabe adónde conducían. Qué más daba. «Ya es hora
—dije yo—, ya es hora de volver a tu casa.»
Ya es hora. En el portal, «Espera», me dijo. Regresó
vestida de otro modo, con flores en el pelo.

272

Nos esperaban en la iglesia. «Mujer te doy.» Bajamos
las gradas del altar. El armonio sonaba.
Y un violín que rizaba su melodía empalagosa.
Y el mar estaba allí. Olvidado y apetecido
tanto tiempo. Allí estaba. Azul y prodigioso.
Y ella y yo solos, con harapos de sol y de humedad.
«¿Dónde, dónde la noche aquella, la de ayer...?»,
                    [preguntábamos
al subir a la casa, abrir la puerta, oír al niño que salía
con su poco de sombra con estrellas,
su agua de luces navegantes,
sus cerezas de fuego. Y yo puse mis labios
una vez más en la mejilla de ella. Besé hondamente.
Los gusanos labraron tercamente su piel. Al retirarme
lo vi. Qué importa, corazón. La música encendida,
y nosotros girando. No: inmóviles. El cáliz de una flor
gris que giraba en torno vertiginosa.
Dónde la noche, dónde el mar azul, las hojas de la lluvia.
Los niños —quiénes son, que hace un instante
no estaban—, los niños aplaudieron, muertos de risa:
«Qué ridículos, papá, mamá.» «A la cama», les dije
con ira y pena. Silencio. Yo besé
la frente de ella, los ojos con arrugas
cada vez más profundas. ¿Dónde la noche aquella,
en qué lugar del universo se halla? «Has sido duro
con los niños.» Abrí la habitación de los pequeños,
volaron pétalos de lluvia. Ellos estaban afeitándose.
Ellas salían con sus trajes de novia. Se marcharon
los niños —¿por qué digo los niños?— con su amor,
con sus noches de estrellas, con sus mares azules,
con sus remordimientos, con sus cuchillos de buscar
                    [pureza
bajo la carne. Dónde, dónde la noche aquella,
dónde el mar... Qué ridículo todo: este momento
                    [detenido,
este disco que gira y gira en el silencio,
consumida su música...

Después de todo, todo ha sido nada,
a pesar de que un día lo fue todo.
Después de nada, o después de todo
supe que todo no era más que nada.

Grito «¡Todo!», y el eco dice «¡Nada!».
Grito «¡Nada!», y el eco dice «¡Todo!».
Ahora sé que la nada lo era todo,
y todo era ceniza de la nada.

No queda nada de lo que fue nada.
(Era ilusión lo que creía todo
y que, en definitiva, era la nada.)

Qué más da que la nada fuera nada.
si más nada será, después de todo,
después de tanto todo para nada.

# RICARDO MOLINA
## (1917-1968)

*Nacido en Puente Genil (Córdoba), fue profesor de instituto. Llevó una vida sencilla y discreta. Fue uno de los fundadores de la revista* Cántico, *que daría nombre a un movimiento poético, que se apartaba de las tendencias dominantes de la lírica de posguerra, influidos por Guillén, Aleixandre, Lorca. El poema aquí incluido, hermosa evocación de un amor de juventud, pertenece a su libro* Elegías de Sandua.

## ELEGÍA X

En la tardes de mayo cuando el aire brillaba
con un azul radiante y en las olas del musgo
se mecía la blanca flor de la sanguinaria,
te amaba casi más que a nadie en este mundo.

Por tus ojos tan graves del color de la hierba,
por tus cabellos negros y tus hombros desnudos,
por tus labios suaves un poco temblorosos,
te amaba casi más que a nadie en este mundo.

Aunque no te lo dije tú acaso lo sabías,
por eso una mañana en el bosque de pinos
me saliste al encuentro a través de la niebla
y de las verdes jaras cubiertas de rocío.

Era yo entonces estudiante, todos los días
a las nueve tenia clase en el instituto,
pero aquella mañana me fui solo a la sierra
y me encontré contigo en el gran bosque húmedo.

Mis amigos me daban consejos excelentes
y me hablaban de ti sin velar sus escrúpulos.
Y yo les respondía: «Odio vuestra prudencia»,
pues casi más que a nadie te amaba en este mundo.

Mis padres me reñían a la hora del almuerzo.
Me decían que iba a perder todo el curso,
pero yo soportaba sus riñas en silencio
y ellos seguían hablando, amargos, del futuro.

Yo me decía mientras: ¿qué me importan los amigos,
qué importa el porvenir, los padres, los estudios,
si las tardes de mayo son tan claras y bellas
y te amo, amor mío, más que a nadie en el mundo?

¿Qué importan estas cosas si me estás esperando
en el vasto pinar, al borde del camino,
y tus ojos son verdes, como las hojas verdes,
y tu aliento, fragante, lo mismo que el tomillo?

¿Qué importan las palabras si tus labios son rojos
como la roja adelfa y la flor del granado
y sólo hablan de amor, de risas y de besos,
y mi alma es el aire que respiran tus labios?...

Así te hablaba entonces mi corazón. ¿Te gustan
todavía sus palabras?
Así te amaba entonces mi corazón. ¿Recuerdas
todavía su amor?

Y una de aquellas tardes te dije que algún día
escribiría en mi casa solitario
esta elegía triste y bella como el recuerdo,
y tú me interrumpiste besándome en los labios.

276

No creíste, ah, nunca creíste que pudiera
acabar el amor de aquella primavera;
pero la vida es siempre más larga que el amor

y si la dicha es bella como una flor de mayo,
como una flor de mayo breve es también su flor.

# ÁNGEL GONZÁLEZ
(1925)

*Nacido en Oviedo, fue profesor de Literatura en Estados Unidos. Ha obtenido el premio Príncipe de Asturias y es académico de la Lengua. Su obra poética está reunida bajo el título* Palabra sobre palabra. *Es uno de los más destacados miembros de la promoción del medio siglo, cuya poesía tiene un tono existencial —Áspero mundo— y social, pero siempre dentro de un estilo confesional. En sus últimos libros ha evolucionado hacia un intimismo irónico e, incluso, hacia el humor.*

PORVENIR

Te llaman porvenir
porque no vienes nunca.
Te llaman: porvenir,
y esperan que tú llegues
como un animal manso
a comer en su mano.
Pero tú permaneces
más allá de las horas,
agazapado no se sabe dónde.
¡Mañana!
    Y mañana será otro día tranquilo,
un día como hoy, jueves o martes,
cualquier cosa y no eso
que esperamos aún, todavía, siempre.

## ESO LO EXPLICA TODO

Ni Dios es capaz de hacer el Universo en una semana.

No descansó el séptimo día.

Al séptimo día se cansó.


## ¿SABES QUE UN PAPEL...?

¿Sabes que un papel puede cortar como una navaja?

Simple papel en blanco,
una carta no escrita

me hace hoy sangrar.

# JAIME GIL DE BIEDMA
## (1929-1990)

*Quizá sea el nombre que más influencia ha ejercido entre los jóvenes poetas de hoy y uno de los más admirados. Es, en cierto modo, el cronista de una vida burguesa, recreada con ironía y desencanto. El mundo de la infancia, la adolescencia y la amistad* —Compañeros de viaje *es uno de sus libros— son evocados con un lenguaje coloquial que oculta una profunda elaboración intelectual. Su obra poética es escasa: cinco breves libros, agrupados en* Las personas del Verbo, *setenta y siete poemas en total, el último de 1969. Cuando se le preguntaba por qué escribía tan poco, una vez contestó que ya no le interesaba la poesía, tan sólo hacer canciones para Marisol. En sus poesías aparecen las críticas más feroces con unos tonos suaves y palabras sonrientes, como vemos en estos poemas. En el primero —cuyo título está lleno de ironía, de burla, de tristeza— refleja el miserable ambiente de posguerra.*

AÑOS TRIUNFALES

> y la más hermosa
> sonríe el más fiero de los vencedores
> Rubén Darío.

Media España ocupaba España entera
con la vulgaridad, con el desprecio
total de que es capaz, frente al vencido,
un intratable pueblo de cabreros.

Barcelona y Madrid eran algo humillado.
Como una casa sucia donde la gente es vieja,
la ciudad parecía más oscura
y los Metros olían a miseria.

Con la luz de atardecer, sobresaltada y triste,
se salía a las calles de un invierno
poblado de infelices gabardinas
a la deriva, bajo el viento.

Y pasaban figuras mal vestidas
de mujeres, cruzando como sombras,
solitarias mujeres adiestradas
—viudas, hijas o esposas—

en los modos peores de ganar la vida
y suplir a sus hombres.
    Por la noche,
las más hermosas sonreían
a los más insolentes de los vencedores.


### NO VOLVERÉ A SER JOVEN

Que la vida iba en serio
uno lo empieza a comprender más tarde
—como todos los jóvenes, yo vine
a llevarme la vida por delante.

Dejar huella quería
y marcharme entre aplausos
—envejecer, morir, eran tan sólo
las dimensiones del teatro.

Pero ha pasado el tiempo
y la verdad desagradable asoma:
envejecer, morir,
es el único argumento de la obra.

281

# JOSÉ AGUSTÍN GOYTISOLO
## (1928-1999)

*Es uno de los poetas más populares de posguerra, quizá porque algunos de sus poemas han sido interpretados por distintos cantantes. Destaca «Palabras para Julia», una especie de consejos para moverse por la vida, dedicado a su hija. Nacido y muerto en Barcelona, fue hermano de dos grandes novelistas. Su poesía, escrita desde la propia experiencia, se mueve entre lo íntimo y lo social, y tiende a convertirse en conciencia generacional. La muerte de su madre —bajo un bombardeo durante la guerra— le inspirará dos emocionados libros. Tiene hermosos poemas de amor.*

LA GUERRA

De pronto, el aire
se abatió, encendido,
cayó, como una espada,
sobre la tierra. ¡Oh, sí,
recuerdo los clamores!

Entre el humo y la sangre,
miré los muros
de la patria mía,
como ciego miré
por todas partes,
buscando un pecho,
una palabra, algo
donde esconder el llanto.

Y encontré sólo muerte,
ruina y muerte
bajo el cielo vacío.


NO DEJES NO

De la mujer que amo he aprendido
la canción del silencio. Ahora sé
lo que tú me decías sin palabras.

Tacto febril amor cuando en la noche
conversas con mi piel cuando apareces
brotando entre los cuerpos cotidianos
deshaciéndote en golpes
no dejes no que las primeras luces
empañen mi contorno
que la palabra rompa este momento
de comprensión total.

Tacto feliz
prosigue te esperaba.


PALABRAS PARA JULIA

Tú no puedes volver atrás
porque la vida ya te empuja
como un aullido interminable.

Hija mía es mejor vivir
con la alegría de los hombres
que llorar ante un mundo ciego.

Te sentirás acorralada,
te sentirás perdida o sola,
tal vez querrás no haber nacido.

Yo sé muy bien que te dirán
que la vida no tiene objeto,
que es un asunto desgraciado.

Entonces siempre acuérdate
de lo que un día yo escribí
pensando en ti como ahora pienso.

Un hombre solo, una mujer...
así tomados de uno
son como polvo, no son nada.

Pero cuando te hablo a ti,
cuando te escribo estas palabras,
pienso también en otros hombres.

Tu destino está en los demás,
tu futuro es tu propia vida,
tu dignidad es la de todos.

Otros esperan que resistas
que les ayude tu alegría
tu canción entre las canciones.

Entonces siempre acuérdate
de lo que un día yo escribí
pensando en ti como ahora pienso.

Nunca te entregues ni te apartes
junto al camino nunca digas
no puedo más y aquí me quedo.

La vida es bella, tú verás
como a pesar de los pesares
tendrás amor, tendrás amigos.

Por lo demás no hay elección
y este mundo tal como es
será todo tu patrimonio.

Perdóname no sé decirte
nada más, pero tú comprende
que yo aún estoy en el camino.

Y siempre, siempre acuérdate
de lo que un día yo escribí
pensando en ti como ahora pienso.

# APÉNDICE

## Algunos poemas de hoy

UN apéndice es un añadido, algo que sobresale del cuerpo y que si se corta, no pasa nada: la vida continúa. En este caso, la historia. Porque eso es exactamente este apartado final dentro de la antología histórica de la poesía española. Un apéndice. Un añadido. Y como tal te lo puedes saltar, si te apetece. No modifica la esencia del libro, pero, si entras en él, quizás te hagas una idea —muy vaga— de la poesía que se está escribiendo en España en estos momentos.

No ha habido un criterio riguroso para escoger los poemas. Sólo he tenido en cuenta tres puntos: autores nacidos a partir de 1950; textos publicados en los años ochenta o noventa, y poemas que muestren —dentro de lo posible— las distintas corrientes por las que se mueve la poesía de hoy. Desde las líneas más aceptadas, como la poesía de la experiencia, a caminos —si hay— individuales. Aquí tienes, pues, desde la ironía seudoconfesional de Luis Alberto de Cuenca, nacido en 1950, al sentimentalismo de Martín López-Vega, nacido en 1975. Entre ellos, el estoicismo de Javier Salvago; el desencanto político de Jon Juaristi; el surrealismo de Blanca Andreu; la sabia ingenuidad de Almudena Guzmán; el clasicismo de Andrés Trapiello; la nostálgica evocación de la adolescencia de José Mateos; el pastiche de Aurora Luque; el seudoultraísmo de Pedro Casariego Córdoba; el hermetismo de Menchu Gutiérrez; los *haikus*...

Una última advertencia. Los poemas de este apéndice son, en principio, bastante casuales. De haberlos elegido en otro momento o en otro lugar, la selección hubiera sido distinta; aunque el panorama —en el fondo— no hubiese cambiado sustancialmente. Me he basado en los libros que tenía más a mano, y he procurado fijarme en textos más bien breves. El amor, o la relación de pareja, como se apreciará, es el tema predominante.

## EL DESAYUNO

Me gustas cuando dices tonterías,
cuando metes la pata, cuando mientes,
cuando te vas de compras con tu madre
y llego tarde al cine por tu culpa.
Me gustas más cuando es mi cumpleaños
y me cubres de besos y de tartas,
o cuando eres feliz y se te nota,
o cuando eres genial con una frase
que lo resume todo, o cuando ríes
(tu risa es una ducha en el infierno),
o cuando me perdonas un olvido.
Pero aún me gustas más, tanto que casi
no puedo resistir lo que me gustas,
cuando, llena de vida, te despiertas
y lo primero que haces es decirme:
«Tengo un hambre feroz esta mañana.
Voy a empezar contigo el desayuno.»

Luis Alberto de Cuenca.


## DIVAGACIONES SOBRE UN TEMA

La madurez debe ser esto,
este cansancio, esta desgana,
este saber, ya de antemano,
que nada sirve para nada.

La claridad que nos despierta
a una inclemente y gris mañana,
la claridad que ahuyenta sueños
de juventud, y nos desalma.

Este abandono, esta renuncia
al ideal y a la esperanza,
este vender al dios que fuimos
por bagatelas y migajas.

Dejarlo todo para luego
—amigos, vida, libros, causas—
porque otras cosas que no amamos
están ahí y nos reclaman.

Sentir el tiempo, sobre uno,
como una losa o una espada,
y ver que el tiempo se nos va
de entre las manos, que se acaba. [...]

La madurez debe ser esto,
comprender cosas que espantaban
vistas desde lejos, comprender
que uno está preso en una trampa.

Javier Salvago.


## SPOON RIVER, EUSKADI

¿Te preguntas, viajero, por qué hemos muerto jóvenes,
y por qué hemos matado tan estúpidamente?

Nuestros padres mintieron: eso es todo.

Jon Juaristi.


## MEMORIA DE LA NIEVE

Inútil es volver a los lugares olvidados y perdidos, a los
[paisajes y símbolos sin dueño.

No hay allí ya liturgias milenarias. Ni aceite fermentado
[en ánforas de barro.

Los ancianos han muerto. Los animales vagan bajo la
[lluvia negra.

No hay allí sino la lenta elipsis del río de los muertos,
la mansedumbre helada del muérdago cortado, de los
[paisajes abrasados por el tiempo.

Julio Llamazares.

## LA FELICIDAD

La felicidad de esta tarde
es gris como el cielo, gris casi
ceniza. El río tras los árboles
discurre, y abriendo va claros
en flores y en juncos. Me acerco
a ti. A lo lejos, el trueno.

                          Juan Manuel Bonet.


### JULIA REIS

Yo conocí tu época dorada,
aquellos años de estudiante en Cádiz,
cuando tú frecuentabas los suburbios
peores, los bares más inhóspitos.
Entonces era fácil encontrarte
en las sesiones últimas de cine,
bajo cualquier portal o en el asiento
trasero de algún coche abandonado.
Y también te recuerdo, sobre todo,
momentos antes de empezar la fiesta,
de pie y muy morena preparando
inexplicables cócteles, martinis...

Mis amigos sabían ya del turbio,
inextinguible fuego de tus labios,
y yo no supe hablarte o no lo hice
esperando quizás mejor momento.
Y me arrepiento ahora, Julia Reis,
tierno amor sin amparo, fácil presa
de los perdidos barcos de la noche.

                          José Mateos.

HUIRME...

Huirme huir vivir
de nuevo.

Claridad infinita.

Pequeñísimo labio
que recuerda.

Ada Salas.


USTED

Ahora,
ahora que nos pitan envidiosos los cláxones de atrás
porque no paramos de besarnos en el cruce,
es cuando le tengo verdadero miedo
y me planteo si no será mejor
—aún estás a tiempo—
huir de sus ojos como quien huye del atasco,
porque usted me vuelve loca,
y vamos a caer en lo de siempre,
y yo no quería tal vez que esto que está pasando
                    [hubiera pasado nunca.

Almudena Guzmán.


AMOR MÍO, MIRA MI BOCA...

Amor mío, mira mi boca de vitriolo
y mi garganta de cicuta jónica,
mira la perdiz de ala rota que carece de casa y muerte
por los desiertos de tomillo de Rimbaud,
mira los árboles como nervios crispados del día
llorando agua de guadaña.

293

Esto es lo que yo veo en la hora lisa de abril,
también en la capilla del espejo esto veo,
y no puedo pensar en las palabras que habitan la
[palabra Alejandría,
ni escribir cartas para Rilke el poeta.

Blanca Andreu.

## EL SUEÑO DE UNA TARDE DE VERANO

La tarde es calurosa, de verano
extremeño. Pregona la cigarra
con estridentes alas su chatarra
y abrasa el aire el olivar pagano.

Sagrada es esta hora de la siesta
en que labra su viga la carcoma
y la araña común teje en su idioma
la vida retirada. El tiempo en esta

casa tarda en pasar, parece eterno
y en esa misma eternidad fracasa.
Todo está en calma, sosegado, inerte.

De nada sirve el cielo o el infierno.
Lo eterno eternamente acaba y pasa
y ni el soñar nos libra de la muerte.

Andrés Trapiello.

## RÍETE DE ESTO

Hace falta
estar a punto
de morirse
para caer en la cuenta
de que nada en esta vida
tiene la más mínima

importancia,
pero claro, en ese momento
lo jodido
es que ya tampoco
te sirve para nada
haberlo descubierto.

En esta comedia ingrata
que llamamos existencia
no tiene uno el derecho
ni a reír primero
ni por supuesto
a reír después.

Roger Wolfe.

CAMINAS....

Caminas tras de mí
y yo te sigo los pasos.

Dormidos en una corona.

Menchu Gutiérrez.

DE LA PUBLICIDAD

Reportaje de moda en Marrakech.
*Très loin de l'innocence* este perfume.
Una fotógrafa retocada
con acuarelas suaves. Si desea
reparaos su piel. Esta revista cuenta
familiares parábolas al fin:
de cómo maquillar los sueños agresivos
o cómo estilizar la derrota y el tedio.

Perfumada de Armani
la nada es altamente soportable.

Aurora Luque.

## DOMINGOS

Desde siempre me persigue:
al principio, de niña,
venían disfrazados con las ropas solemnes
y los zapatos nuevos, camino de misa.
El domingo estorbaba para pisar los charcos,
para subir a un árbol, para sorber la sopa.
Era como un inoportuno visitante
al que enseñar de pronto
que se comprenden los códigos
que más tarde vendrían:
el gracias, por favor, siéntate recta,
estate calladita, no estropees las medias,
no te muerdas las uñas, saluda a la visita.
Había un enorme reloj en el salón
con un tictac tedioso, las horas no avanzaban,
las horas se morían de puro aburrimiento
mientras la vida
esperaba en los charcos o en lo alto de un árbol
a que pasara el día.

Silvia Ugidos.


## HAS TOMADO LA FALDA....

Has tomado la falda
dignamente tendida sobre el sofá.

Me has mirado a los ojos
con los ojos cansados de tanta paz.

Has subido el volumen
de un Vivaldi comprado para soñar.

Has cerrado la puerta
como abriendo las calles de otra ciudad.

Has dejado en un vaso
de ginebra tus labios como señal.

Javier Egea.

## MAQUILLAJE

Maquillaje.

Schneider

descompone música malvada
    en Hanoi.
      Labios de jabón francés.
      Aceite de neroli.
       Ojos de uña.
        Colorete.
         Los flamencos de su piel.

Pedro Casariego.


## EL ÚLTIMO DE LA FIESTA

Ya ves; eso es lo que te aguarda, si te marchas,
y lo que aquí te espera no es mejor.
Conoces de antemano cuál será tu conducta:
sopesarás los dos ofrecimientos que posees
—la despoblada soledad de una fiesta ya extinta,
la habitual afrenta de estar solo contigo—
y antes de encaminarte hacia casa
apurarás la noche un poco más.
(Un poco más, a estas torpes alturas de tu vida,
no puede ser muy mal.)

La fiesta ha terminado. Y aquí viene la luz,
la vieja hiena.

Carlos Marzal.

Brutal, como una soga.
Tu belleza me deja
sin aire.

Después de verte
el paisaje se queda
vacío, inerte.

Labios azules.
Me besaste despacio:
hormigas de agua.

Toco tus hombros.
Como la levadura,
el cuerpo estalla.

Entre tus manos
un cuervo picotea
la luz, el alma.

Viento en los ojos.
El sol que nos alumbra
es sólo fósforo.

Caen las hojas,
como ese beso que ahora
tiembla sin nadie.

Frío. Es la nieve.
Tu mirada que nieva
al encontrarnos.

Creció la noche.
Por las calles se esparcen
sus ramas. Vértigo.

J. M. Plaza.

298

## VESTUARIO

Era un día de julio, de sol maravilloso.
Acabado el partido, ceñí con una tela
empapada en agua tu frente sudorosa:
El largo cabello negro se te rizaba encima.
(Parecía la cinta antigua de los vencedores.)
Y mientras me narrabas, y arrojabas
al suelo la roja camiseta humedecida,
curaba yo un rasguño en tu rodilla,
y pues aún sangraba, le apliqué los labios
y la lengua. No sé qué me dijiste, sonriendo.
La sangre y el sudor nunca fueron tan dulces.

Luis Antonio de Villena.


## A VECES

A veces, cuando parece la noche un tigre sonando, un
                    [hueco absoluto.
Cuando tan sólo rumor o una sombra se incendian
                    [despacio, a borde del frío,
y alguien corona en silencio el desorden del agua con
                    [una tristeza imposible,
¿Para qué te acercas con tu solo pecho ausente?
¿Por qué no escribes en mis brazos tus heridas
                    [diminutas?

Antonio Lucas.


## POR SEPTIEMBRE…

Por septiembre
se te llenan de sótanos los labios
y es relativo el cielo
después de haberte visto preguntarle a la vida.
Pero también el cielo,
arrugado y preciso

299

como tu cazadora adolescente,
quiere estar entreabierto,
brillar recién amado,
descansando en la hierba
el peso de su larga cabellera de nubes.

Por septiembre
se te llenan de humo los síes de la boca.

Luis García Montero.

## ÚNICO MODO

No hables. Sólo sonríe.
No me digas si volverás
mañana por aquí. No me permitas
que llegue a tocarte, ni a hablarte.
Sólo déjame ver
una vez más tus ojos verdes.
Ya está. Vete. Ahora.

Es la única manera
de que te quiera para siempre.

Martín López-Vega.

# Epílogo
## A modo de justificación

TODA antología es discutible y, a la vez, justificable. Toda selección de poemas es una labor subjetiva, en la que influye decisivamente el gusto del recopilador. Algo evidente que, en este libro, es cierto muy relativamente.

Debemos recordar que *Entre el clavel y la rosa* es una antología histórica de poesía española (en castellano) para estudiantes; por lo que se han tenido en cuenta, fundamentalmente, esas dos circunstancias: su carácter histórico, que le da unos límites ajustados, reconocibles, y sus destinatarios: jóvenes que se están iniciando en la poesía. Sobre estos dos ejes se apoya, gira, gravita la obra que tienes entre manos.

Pero toda selección, por muy marcada que esté, es, en el fondo, personal. Quiero explicar aquí brevemente los criterios que he seguido, así como las dudas y los problemas que me surgieron.

La primera incógnita se planteó al dividir la historia de la poesía. Había dos opciones: según los siglos o según los movimientos literarios; ambas posibilidades eran extremas y confusas. Poéticamente no se puede comparar el siglo XVIII con el siglo XX, por ejemplo. Y realizar la división según las corrientes literarias hubiera supuesto multiplicar los apartados y dejarlos, un poco, colgados en el tiempo.

Al final se decidió ese criterio mixto de cinco grandes bloques, que comprenden cinco partes decisivas de la historia de la poesía, aunque la primera abarque casi cinco siglos y la cuarta, apenas cincuenta años.

Una vez que la historia de la poesía española estaba dividida en bloques diferenciados, en cinco partes desiguales, había que elegir a los poetas representativos de cada época.

La Edad Media es un período amplio y confuso, en el

que la literatura escrita da sus primeros pasos, y, por tanto, cualquier innovación —y hasta tentativa— corre el peligro de pasar a la historia. He intentando simplificar al máximo esta época, que parece poco propicia para crear jóvenes lectores. Así que hemos destacado sólo dos autores —el arcipreste de Hita y Jorge Manrique— y se han recogido, en apartados cerrados, las distintas manifestaciones poéticas: las jarchas, el *Poema de Mio Cid,* la lírica popular, los cancioneros y el romancero.

Fue Alfonso X, el Sabio, el que dio carácter oficial a la lengua castellana, y en el siglo XV ya empieza a asentarse. Hasta entonces, sin embargo, esta lengua incipiente nos puede resultar demasiado primitiva, y está claro que iniciarse en la poesía con unos textos cuyo lenguaje no se entiende, o hay que hacer esfuerzos para desentrañarlo, resulta contraproducente.

Tras distintos encuentros con profesores de Secundaria y Bachillerato, y pese a no existir unanimidad en el tema, se optó por elegir casi siempre una de las versiones modernizadas de los poemas, ya que los escolares huyen del castellano antiguo. Incluso, tienen dificultades, a veces, para reconocer el moderno. Una profesora de Pamplona me comentaba que uno de sus alumnos, al comenzar la lectura de un poema de Rubén Darío: «Ínclitas razas ubérrimas...», alzó el brazo para preguntarle si aquello era español.

**Los siglos de oro.**

En los siglos de oro hay seis nombres —quizá siete, con Herrera— indiscutibles e imprescindibles: Garcilaso, Fray Luis, san Juan de la Cruz, Lope, Quevedo y Góngora. Junto a ellos conviven dos docenas de poetas de primera línea y calidad semejante. ¿En qué nos hemos basado para elegir los acompañantes de los grandes monstruos? Cetina, por su famoso *Madrigal;* Alcázar, por su humor; Cervantes, por mostrar una faceta de su personalidad que ha quedado ensombrecida, y porque estamos seguros de que hubiera dado un brazo —el bueno— por figurar en una antología de la poesía española en el siglo XX, casi XXI; el conde Villamediana, por su vida; Bartolomé Leonardo de Argensola —en lugar de su hermano, Lupercio—, por un soneto excelente que sintetiza uno de los sentimientos más arraigados del Barroco; Calderón, por ser un excelente poeta, aunque jamás escribió poemas como tales, y ser el autor de los versos más conocidos de la literatura española —; y Sor Juana Inés, porque sin duda es la figura más importante de la segunda parte del siglo XVII.

Un antología histórica de poesía no debe incluir sólo a los mejores poetas de la historia, sino también a los más representativos, al margen de que su calidad en sí no fuese alta o su valoración actual haya tocado fondo. Este problema se planteó al llegar al siglo XVIII, la época de la razón y de la ilustración, en donde se escribió una poesía que hoy nos parece mala, mediocre, ajena, lejanísima. Podrían conectar con nuestra sensibilidad algunas —muy pocas— fábulas de Iriarte y Samaniego, la décima de Moratín —«Admiróse un portugués...»— y algún que otro poema aislado. Sin embargo, esta época no nos la podemos saltar, porque históricamente existe. Así que de ella hemos elegido —con una selección mínima— a los tres poetas aludidos, además de José Cadalso —por su vida legendaria— y a Meléndez Valdés, que unánimemente está reconocido como el mejor poeta y el más representativo del Neoclasicismo.

Al llegar al Romanticismo, Espronceda y Zorrilla eran suficientes para llenar una época. Los poemas de estos autores, exagerados, macabros a veces, ripiosos en algún momento, coloristas, algo grandilocuentes y muy sonoros, suelen gustar bastante a los lectores noveles. Son textos adecuados para iniciarse en el camino de la poesía. ¿Quién no se acuerda de *La canción del pirata?*... Bécquer, que tiene otro tipo de sensibilidad, es también de esos autores que abren puertas y crean afición. No hay que extrañarse, por tanto, que hayamos recogido un buen número de textos suyos.

Quizá pueda sorprender la inclusión, en una antología de poesía, de Fernán Caballero, discreta novelista; pero hay una razón que se suele pasar por alto: la importancia del folclore, los cuentos y los poemas propios que el pueblo ha cantado, como hemos visto, desde la Edad Media. Esa lírica popular —parte de la cual se ha incluido en la primera parte— no se agotó en la Edad Media, sino que continuó en el Renacimiento, en el Barroco —donde fue muy apreciada por los autores cultos— y prosiguió creciendo, y transmitiéndose de generación en generación. Una de las caracterísíscas del Romanticismo es la vuelta al pasado y la reivindicación de la Edad Media. Es muy significativa la labor de los que pacientemente se preocuparon de mirar al pueblo, de buscar y recoger sus saberes. Fernán Caballero —como años después Antonio Machado, padre— es una de las folcloristas más importantes de nuestra historia. Recogió miles de canciones, de coplas; algunas de las cuales procedían —sin apenas variantes— de la Edad Media. Aquí hemos seleccionado unas pocas, que se muestran como una de las facetas más desconocidas del mundo romántico.

**Tres poetas esenciales.**

La cuarta parte presentaba, de entrada, bastantes dudas. Es un período relativamente breve —no más de medio siglo— en el que se concentran tres poetas esenciales: Rubén Darío, Antonio Machado, Juan Ramón Jiménez, y, además, toda la Generación del 27, una docena de autores de primera fila. Demasiados nombres para un período tan breve. Se corría el peligro de desequilibrar la visión global de la historia de la poesía española. Se pensó en elegir los tres nombres más representativos de esta generación; pero ¿quién es más importante Alberti o Cernuda?, ¿qué poemas les interesan más a los jóvenes los de Gerardo Diego o los de Jorge Guillén?... La decisión objetiva no era sencilla, por lo que, tras algunos intercambios de opiniones, decidimos incluir a casi toda la Generación del 27. Faltan Emilio Prados y Manuel Altolaguirre, dos nombres que tanto admiro, y José Bergamín, el director de la revista *Cruz y Raya*, contemporáneo y compañero de los autores del 27. Pero Bergamín, que es un poeta asombroso y casi secreto, comenzó a escribir y publicar poesía en su ancianidad.

La quinta parte también presentaba varios problemas previos. ¿Cómo sintetizar en muy pocos nombres las tendencias poéticas más de la posguerra, sin olvidarnos de los grandes nombres, estuvieran o no en algún movimiento determinado? Hay demasiados ecos y suficientes voces como para tener claro a quién elegir. ¿Por qué Leopoldo Panero y no Dionisio Ridruejo, Luis Rosales o García Nieto para representar la poesía de los vencedores, la lírica de las revistas oficiales *Escorial y Garcilaso?*

Ahí ha habido una elección personal. En cuanto a los movimientos minoritarios y paralelos a las tendencias dominantes, sólo me parece oportuno rescatar el grupo Cántico, ya que el postismo, por ejemplo, fue una aventura anecdótica detenida en el tiempo.

Al llegar a la promoción del medio siglo o poetas de los cincuenta, que son los autores de posguerra que, como grupo, tienen mayor calidad artística, también surgía la duda de la elección; porque si se incluían más de tres nombres —una antología tiene mucho que ver con las matemáticas— se desequilibraba demasiado la visión histórica de conjunto de esta antología, que de por sí está virada hacia nuestro siglo. Hemos tenido que prescindir de nombres importantes, prestigiosos, y de una influencia muy evidente entre los jóvenes poetas, como Francisco Brines, Caballero Bonald o José Ángel Valente, cuya obra no resulta tan accesible para los incipientes lectores.

Personalmente, echo en falta también, y me duele la ausencia de poetas como José Luis Hidalgo, Rafael Montesinos o Félix Grande, a los que tanto quiero, y que tienen poemas muy bellos, de los que crean afición; pero objetivamente no quedaba ya un hueco histórico.

### Elección de textos.

Por último, quiero explicar la elección de los textos. El criterio ha sido doble: poemas accesibles —o más o menos accesibles— a los jóvenes lectores y poemas representativos de esos autores. Quizás alguien añore las *Églogas* de Garcilaso o el *Polifemo* y *Las soledades* de Góngora, pero esos poemas mayores y complejos creo que no entran dentro del espíritu divulgativo de esta antología.

Quevedo, Lope de Vega y Juan Ramón Jiménez son los poetas que figuran con mayor número de obras. Son tres cumbres. De todos modos, el número de títulos seleccionados no siempre guarda una relación directamente proporcional con su valor artístico o importancia histórica.

En cuanto a los textos de cada autor, se ha optado por una doble vía: incluir esos poemas «famosos» que un lector medio espera encontrar; y, por otro lado, buscar obras menos conocidas, con el fin de no ser redundante ni caer en esa fórmula de una antología de antologías. Y hay sorpresas...

Pero no voy a hablar de ellas. Me estoy dando cuenta que esta declaración de intenciones, justificación del trabajo hecho (y no hecho), se está haciendo interminable. Así que sin más dilación, corto en seco, recordando, como fin de fiesta o de libro, un poema de José Bergamín, que me está dando que pensar:

> Hay silencios que se quedan
> temblando entre las palabras,
> y palabras que de espanto
> se quedan paralizadas.
> A veces el corazón
> se desentiende del alma
> y no sabemos entonces
> si hablar es no decir nada.

ESPASA
JUVENIL

## ÚLTIMOS TÍTULOS PUBLICADOS